COMMENT
PARLER EN PUBLIC

DANS LA MÊME SÉRIE

DALE CARNEGIE

COMMENT SE FAIRE DES AMIS

163e Mille

DALE CARNEGIE

COMMENT PARLER EN PUBLIC

Révision par Dorothy CARNEGIE
de
COMMENT PARLER EN PUBLIC
ET INFLUENCER LES GENS DANS LES AFFAIRES

Texte français
de
NICOLE POUTERMAN

HACHETTE

Cet ouvrage a été publié
aux États-Unis sous le titre :

The Quick and Easy
Way to Effective Speaking

AVERTISSEMENT

Les idées de l'Américain Dale Carnegie sur la parole en public prouvent tous les jours leur efficacité.

Que ses principes valent pour les Français comme pour les étrangers, le succès en France des Cours Dale Carnegie le montre assez.

Pourtant, au premier abord, la forme de cet ouvrage, son style et sa composition pourront dérouter le lecteur qui n'y retrouvera pas une ordonnance classique « à la française ».

Puisse-t-il persévérer dans son effort et comprendre qu'il s'agit, pour lui, non d'admirer un beau livre, mais de mettre en pratique de bons conseils.

MICHEL SERGENT,
Agrégé de Lettres,
Professeur au lycée Janson-de-Sailly.

INTRODUCTION

Dale Carnegie a donné ses premiers cours de parole en public en 1912, à l'Y.M.C.A. (Association des Jeunes Gens Chrétiens) à New York.

A cette époque, parler en public était davantage considéré comme un art que comme une technique, son enseignement visait à produire des orateurs, des tribuns et autres foudres d'éloquence à la voix d'or. L'homme d'affaires ou de profession libérale qui désirait simplement s'exprimer avec plus de facilité et d'assurance dans son propre milieu, ne voulait pas perdre son temps et son argent à apprendre les mécanismes de l'élocution, de la production vocale, les règles de rhétorique et les gestes cérémonieux. Les cours de Dale Carnegie sur la façon de s'exprimer avec efficacité connurent un succès immédiat, parce qu'ils donnèrent à ces hommes les résultats qu'ils recherchaient. Dale n'aborde pas la parole en public comme un art requérant des aptitudes spéciales, mais comme une technique que n'importe quelle personne normalement intelligente peut acquérir et développer à volonté.

Aujourd'hui, les cours Dale Carnegie ont fait le tour du monde, et la valeur de ses conceptions est attestée par les milliers de participants venus de partout, des hommes et des femmes de tous les milieux, qui ont réussi à améliorer leur façon de s'exprimer et leur efficacité.

Le manuel que Dale Carnegie avait écrit pour ses cours

« Comment parler en public et influencer les hommes dans les affaires » a été réédité plus de cinquante fois et traduit en onze langues. Dale Carnegie l'a mis à jour plusieurs fois, en tenant compte de l'accroissement de ses connaissances et de son expérience. Il y a plus de personnes qui se servent de ce livre chaque année, qu'il n'y a d'inscriptions dans l'ensemble des plus grandes universités.

Cette quatrième version du livre a été faite d'après les notes et les idées de mon mari. Le titre est celui qu'il avait choisi avant que son travail fût interrompu par la mort. J'ai essayé de me rappeler ses principes : parler avec efficacité ne consiste pas seulement à être capable de dire quelques mots à un auditoire. C'est l'expression révélatrice de la personnalité humaine.

Dans la vie tout est communication, et c'est par la parole que l'homme se différencie des autres êtres vivants. Lui seul, à la différence des animaux, a le don de la communication verbale, et c'est par la qualité de ce qu'il dit qu'il exprime le mieux son individualité, l'essence même de son être. Lorsqu'il est incapable de dire clairement ce qu'il pense par nervosité, timidité, ou parce que ses idées sont floues, sa personnalité est bloquée, effacée et incomprise.

La satisfaction personnelle dans la vie sociale et les affaires dépend de l'aptitude de chacun à communiquer clairement à ses semblables, ce qu'il est, ce qu'il désire et ce en quoi il croit. Aujourd'hui plus que jamais, dans l'atmosphère de tension internationale, de crainte et d'insécurité qui plane sur le monde, nous avons besoin de ce moyen de communication entre les peuples. J'espère que cette méthode rapide et facile pour apprendre « Comment parler en public » sera utile en toutes circonstances, à la fois à ceux qui souhaitent simplement pouvoir parler avec plus d'assurance dans un but pratique et à ceux qui désirent s'exprimer plus complètement et recherchent un accomplissement de leur personnalité.

DOROTHY CARNEGIE.

PREMIÈRE PARTIE

PRINCIPES DE BASE DE LA PAROLE EN PUBLIC

Dans tout art il y a quelques principes et beaucoup de techniques.

Dans les chapitres qui constituent la première partie de ce livre, nous traitons des principes fondamentaux de l'art de parler et des attitudes propres à les rendre actifs.

En tant qu'adultes nous sommes intéressés par une méthode pratique et rapide pour apprendre à nous exprimer avec efficacité. La seule façon d'obtenir des résultats rapides consiste à adopter, dès le départ, une bonne attitude pour y parvenir et à posséder de solides principes de base.

CHAPITRE PREMIER

COMMENT ACQUÉRIR LES TECHNIQUES DE BASE

J'AI COMMENCÉ A DONNER DES COURS DE PAROLE EN PUBLIC EN 1912, l'année où le *Titanic* a coulé dans les eaux glacées de l'Atlantique Nord. Depuis lors, plus de sept cent cinquante mille personnes ont été diplômées de ce cours.

Pendant la première séance du cours Dale Carnegie, les participants ont l'occasion de dire pourquoi ils s'inscrivent et ce qu'ils espèrent retirer de cet entraînement. Naturellement les termes varient, mais le désir fondamental dans la grande majorité des cas reste étonnamment le même : « Quand je suis appelé à me lever pour parler, je deviens si préoccupé, si effrayé que je ne peux ni penser clairement, ni me concentrer, ni me rappeler ce que j'avais l'intention de dire. Je désire gagner de l'assurance, rester calme et pouvoir me lever pour prendre la parole sans perdre le fil de mes idées. Je veux pouvoir m'exprimer avec clarté et conviction devant un groupe d'hommes d'affaires ou en société. »

N'avez-vous pas déjà entendu cela ? N'avez-vous pas éprouvé ce même sentiment d'insuffisance ? Ne donneriez-vous pas une petite fortune pour avoir la faculté de vous exprimer avec conviction en public ? Je suis certain que oui. Le fait même que vous ayez commencé à lire ce livre prouve que vous désirez apprendre à mieux vous exprimer.

Je sais ce que vous allez dire — ce que vous me diriez si vous pouviez vous adresser à moi : « Mais, monsieur Carnegie, croyez-vous vraiment que je pourrai développer la confiance en moi nécessaire pour me lever et m'adresser à un auditoire de façon cohérente et naturelle ? »

J'ai passé presque toute ma vie à aider les gens à se débarrasser de leurs complexes et à développer leur courage et leur assurance. Je pourrais remplir des livres avec le récit des miracles qui ont eu lieu dans mes cours. Il n'est donc pas question de ce que *je pense. Je sais* que vous pouvez arriver à un résultat si vous suivez les conseils de ce livre.

Y a-t-il la moindre raison pour que vous ne puissiez vous concentrer debout devant un auditoire aussi bien qu'assis dans un salon ? Y a-t-il un motif pour que vous ayez des crampes d'estomac et des tremblements nerveux lorque vous parlez à un auditoire ? Vous comprenez certainement que l'on peut remédier à cet état de choses, et que l'habitude et un entraînement sérieux chasseront vos craintes et vous donneront confiance en vous.

Ce livre vous aidera à atteindre ce but. Ce n'est pas un manuel classique. Il ne s'occupe pas du mécanisme de la parole. Il ne traite pas des aspects physiologiques de la production vocale et de l'articulation. Il est le fruit d'une vie passée à entraîner des adultes à bien s'exprimer. Il vous prend tel que vous êtes au début, et vous mène naturellement à ce que vous voulez être. Tout ce que vous avez à faire, est : coopérer. Suivez les conseils de ce livre chaque fois que vous avez à prendre la parole, et persévérez.

Pour tirer rapidement le maximum de ce livre, les quatre conseils suivants vous seront utiles :

Premièrement : Prenez courage en vous inspirant de l'expérience des autres.

Il n'existe pas d'orateur-né. Au cours des grandes périodes de l'histoire où s'exprimer en public était un art raffiné qui exigeait une connaissance approfondie des lois de la rhétorique et des subtilités de l'élocution, il était plus difficile encore d'être orateur. Aujourd'hui, parler en public est une sorte de conversation avec un groupe. Disparus à jamais le ton grandiloquent et la voix de stentor. Pendant un dîner, en chaire, à la radio ou à la télévision, nous aimons entendre un langage simple et de bon sens. Nous préférons que les orateurs dialoguent avec nous, et non qu'ils nous fassent un discours.

Contrairement à ce que de nombreux manuels pourraient nous faire croire, parler en public n'est pas un art difficile, qui nécessiterait des années à perfectionner sa voix et à se battre avec les mystères de la rhétorique. J'ai passé presque toute ma carrière à prouver aux gens qu'il était facile de parler en public, à condition d'observer quelques règles simples mais importantes. Quand j'ai commencé mes cours à New York, en 1912, je n'en savais guère plus sur ce sujet que mes participants. Mes premiers cours furent évidemment très semblables à ceux que j'avais suivis moi-même durant mes années d'université. Mais je découvris bientôt que je faisais fausse route. J'essayai d'instruire des hommes d'affaires comme des étudiants de première année d'université. Je compris combien il était vain de leur donner en exemple les grands orateurs du passé, alors qu'ils désiraient seulement acquérir le courage de se lever et de faire un rapport clair et cohérent à leur prochaine réunion d'affaires. Je ne tardai pas à rejeter les manuels, et je fis mon cours avec quelques idées très simples. Je travaillai avec les membres de mes cours jusqu'à ce qu'ils fussent capables de présenter un rapport de manière convaincante. La méthode fut efficace car ils revinrent en apprendre davantage.

Je souhaiterais que vous puissiez feuilleter les témoignages que j'ai chez moi et ceux reçus par les responsables du cours dans de nombreux pays du monde. Ces lettres viennent de grands industriels dont les noms sont souvent cités dans la rubrique financière des grands journaux, de gouverneurs d'Etat, de membres du parlement, de doyens de facultés et de célébrités du monde du spectacle. Il y a en d'autres, par milliers, de maîtresses de maison, de pasteurs, de professeurs, de jeunes gens et de jeunes femmes dont le nom n'est pas encore connu dans leur milieu, de directeurs, de chefs de bureau, d'ouvriers spécialisés ou non, de syndicalistes, d'étudiants et de femmes d'affaires. Tous ont eu besoin de prendre confiance en eux pour s'exprimer en public de façon convenable. Ils ont été si reconnaissants qu'ils ont pris le temps de m'écrire leur gratitude.

Parmi ces milliers de personnes un exemple me revient en mémoire, car à l'époque il me fit une impression profonde. Il y a quelques années, peu après s'être inscrit à mes cours, D. W. Ghent, un important homme d'affaires de Philadelphie, m'invita à déjeuner. Se penchant vers moi, il me demanda : « J'ai toujours évité les occasions de parler en public, monsieur Carnegie, et j'en ai eu beaucoup. Mais je viens d'être nommé président du conseil d'administration d'un collège. Je dois présider les réunions. Croyez-vous qu'il me sera possible à mon âge d'apprendre à parler en public ? »

Je lui affirmai, d'après l'expérience de participants qui s'étaient trouvés dans des situations semblables, que je ne doutais pas de sa réussite.

Trois ans plus tard, nous avons déjeuné dans le même restaurant et à la même table. Lui rappelant notre première conversation, je lui demandai si mes prévisions s'étaient réalisées. Il sourit, sortit de sa poche un petit carnet rouge et me montra la liste des conférences qu'il devait prononcer dans les prochains mois. « Etre capable de parler en public, m'avoua-t-il, le plaisir que j'ai à le faire, le service que je peux, de surcroît, rendre à la communauté, sont au nombre des plus grandes satisfactions de ma vie. »

Mais ce n'est pas tout. Avec un sentiment légitime de fierté, il me dit que l'église à laquelle il appartenait avait invité le premier ministre de Grande-Bretagne à venir à Philadelphie, et que c'était lui qu'on avait désigné pour prononcer le discours de bienvenue.

Tel était l'homme qui, moins de trois années plus tôt, m'avait demandé timidement s'il pourrait un jour parler en public !

Prenons un autre exemple. Feu David M. Goodrich, président-directeur général d'une importante firme industrielle, vint un jour à mon bureau : « Toute ma vie, dit-il, je n'ai pu prononcer un discours sans être tremblant de peur. Comme directeur général de ma société, je dois présider les réunions ; je connais intimement depuis des années les membres du conseil d'administration, je n'ai pas de difficulté à m'adresser à eux quand nous sommes assis autour d'une table. Mais dès que je dois me lever pour parler, je suis pris d'une terreur panique. Je peux à peine dire un mot, et cela depuis des années. Je ne pense pas que vous puissiez faire quelque chose pour moi. Mon cas est trop grave. Le mal est trop ancien.

— Eh bien, dis-je, si vous pensez que je ne puis rien faire pour vous, pourquoi êtes-vous venu me voir ?

— Pour une raison bien simple, répondit-il. J'ai un comptable qui s'occupe de mes affaires privées. C'est un garçon timide. Pour gagner son bureau, il doit traverser le mien. Pendant des années je l'ai vu s'y glisser, le traverser furtivement, les yeux baissés, sans dire un mot ; mais dernièrement je l'ai trouvé transformé. Il entre maintenant la tête haute, le regard vif, et me dit : « Bonjour, monsieur », d'un ton décidé. J'en ai été si surpris que je lui en ai demandé la raison. Il m'a dit avoir suivi vos cours, et c'est la métamorphose de ce petit homme effrayé qui m'a fait venir. »

Je lui affirmai qu'en suivant mes cours régulièrement et en pratiquant les exercices indiqués, en quelques semaines il prendrait plaisir à parler en public.

« Si j'arrive vraiment à ce résultat, dit-il, je serai l'homme le plus heureux du monde. »

Il suivit mes cours et fit des progrès considérables. Trois mois plus tard, je l'invitai à venir à une réunion d'information groupant trois mille personnes dans la salle de bal de l'hôtel Astor, afin de dire ce qu'il avait tiré de notre enseignement. Il me répondit qu'il était désolé, il ne pouvait pas venir ayant un autre engagement, mais le lendemain, il me téléphona. « Je tiens à vous présenter mes excuses, dit-il, je me suis rendu libre. Je viendrai et je parlerai. Je vous dois bien cela. Je dirai au public ce que votre cours a fait pour moi. Je le ferai dans l'espoir que mon exemple en aidera d'autres à se débarrasser des craintes qui leur gâchent la vie. »

Je lui avais demandé de parler seulement deux minutes. Il parla à ces trois mille auditeurs pendant onze minutes.

J'ai vu des milliers de miracles semblables se produire dans mes cours. J'ai vu des hommes et des femmes dont la vie a été ainsi métamorphosée. Beaucoup ont obtenu un avancement qui dépassait leurs rêves les plus ambitieux, et d'autres sont parvenus à des situations de premier plan dans les affaires, leur profession ou leur collectivité. Quelquefois cette réussite n'a été due qu'à un seul discours prononcé au bon moment. Voici, par exemple, l'histoire de Mario Lazo.

Il y a quelques années, je reçus de Cuba un télégramme fort surprenant. Il disait : « A moins que vous ne câbliez le contraire, je viens à New York suivre vos cours en vue de faire un discours. » C'était signé Mario Lazo. Qui était-ce ? Je me le demandais. Je n'avais jamais entendu parler de lui.

Quand Lazo arriva à New York, il me dit : « Le Havana Country Club va célébrer le cinquantième anniversaire de son fondateur. On m'a demandé de lui offrir une coupe en argent et de prononcer le principal discours de la soirée qui sera donnée en son honneur. Bien que je sois avoué, je n'ai jamais parlé en public. Je suis terrifié à cette pensée. Si j'échoue cela nous mettra, ma femme et moi, dans une situation très gênante et de plus pourra diminuer mon prestige auprès de ma clientèle. Voilà pourquoi je suis venu de Cuba vous demander de m'aider. Je ne dispose que de trois semaines. »

Pendant ces trois semaines, Mario Lazo alla d'un cours à un autre, et je le fis parler trois ou quatre fois par soirée. Trois semaines plus tard, il s'adressait aux membres du Havana Country Club. Son allocution fut si remarquable, que la revue *Time* la mentionna dans sa rubrique des nouvelles de l'étranger, et qualifia Mario Lazo d'orateur « à la voix d'or ».

Cela paraît un miracle n'est-ce pas ? C'en est un, un miracle du XXe siècle qui permet à l'homme de surmonter sa peur.

Deuxièmement : Ne perdez pas de vue votre objectif.

Quand M. Ghent parla du plaisir que lui procurait son habileté récente à parler en public, il mit l'accent sur le facteur (que je pense être le plus important) de sa réussite. Il est vrai qu'il avait suivi les conseils et préparé consciencieusement chaque séance. Mais il le fit parce qu'il le voulait et s'il le voulait c'est qu'il se voyait déjà promu brillant orateur. Il se voyait en image en train de réussir dans l'avenir et travaillait à y parvenir. C'est exactement ce que vous devez faire.

Réfléchissez à tout ce qu'une plus grande confiance en vous et la faculté de parler en public peuvent vous apporter. Cela peut vous être utile sur le plan social, vous procurer de nouvelles relations, accroître vos moyens d'action dans la vie civique, sociale ou religieuse, augmenter l'influence que vous exercez dans les affaires. En bref, cela vous préparera à être un chef.

Dans un article intitulé *Speech and Leadership in Business*, S. C. Allyn, président de la National Cash Register Company, et président de l'U.N.E.S.C.O., a écrit : « Dans l'histoire de notre profession, plus d'un homme a attiré l'attention sur lui par une bonne intervention en public. Il y a bien des années, un jeune homme qui occupait un poste subalterne dans le Kansas a fait une allocution remarquable ; aujourd'hui il est vice-président-directeur des ventes. » Je viens d'apprendre que ce vice-président est maintenant président de la National Cash Register Company.

Il est impossible de prévoir jusqu'où l'aptitude à parler en public vous conduira. Un de nos anciens participants, Henry Blackstone, président de la Servo Corporation of America, dit : « Savoir communiquer efficacement avec les autres, obtenir leur coopération sont des atouts que nous cherchons chez les hommes qui veulent accéder à des postes de direction. »

Pensez à la satisfaction et au plaisir que vous aurez, quand d'une voix assurée vous ferez partager vos idées et vos sentiments à votre auditoire. J'ai fait plusieurs fois le tour du monde, mais je connais peu de choses qui procurent un plaisir plus grand, que celui de tenir un auditoire en haleine par la puissance du verbe. Cela donne une impression de force et un sentiment de puissance. « Deux minutes avant de prendre la parole, disait un de mes anciens participants, j'aurais préféré être battu plutôt que de commencer, mais deux minutes avant de terminer, je me serais fait tuer plutôt que de m'arrêter. »

Commencez dès maintenant à vous imaginer devant votre auditoire. Vous vous avancez sur l'estrade avec assurance. Le silence se fait quand vous commencez, vous sentez l'attention de vos auditeurs croître au fur et à mesure que vous développez votre sujet, vous sentez la chaleur des applaudissements quand vous quittez la tribune. Vous entendez les paroles élogieuses qui vous sont adressées à la sortie. Croyez-moi, c'est une expérience extraordinaire que vous n'oublierez jamais.

William James, un des plus brillants professeurs de psychologie de l'université Harvard, a écrit six phrases qui peuvent avoir une influence considérable sur votre vie. Six phrases qui sont comme le « Sésame ouvre-toi » de la caverne dont le trésor est le courage : « Dans presque tous les domaines, votre passion pour le sujet vous sauvera. Si vous souhaitez fortement obtenir une chose, vous l'obtiendrez. Si vous souhaitez être bon, vous serez bon. Si vous désirez être riche, vous serez riche. Si vous voulez être cultivé, vous serez cultivé.

Seulement vous devez réellement le souhaiter, et le souhaiter exclusivement, sans désirer avec la même passion cent autres choses qui sont incompatibles. »

Apprendre à s'exprimer efficacement dans des réunions a d'autres avantages que le simple fait de parler en public. En fait, même si vous ne devez jamais prendre la parole de votre vie, cela vous sera profitable dans de nombreux domaines.

Tout d'abord, la parole en public conduit tout droit à la confiance en soi. Quand vous aurez conscience qu'il vous est possible de vous adresser intelligemment à un groupe, vous pourrez en conclure que vous pouvez vous entretenir plus aisément avec des particuliers. Beaucoup d'hommes et de femmes ont suivi mes cours simplement parce qu'ils étaient timides et empruntés. Quand ils eurent découvert qu'ils étaient capables de s'adresser aux membres du cours sans que le toit leur tombe sur la tête, ils sentirent le ridicule de leur crainte, et leur famille, leurs amis, leurs associés, leurs clients remarquèrent leur nouvelle assurance. Plusieurs de nos participants, comme M. Goodrich, ont été poussés à suivre le cours par les transformations extraordinaires qu'ils avaient observées chez ceux qui avaient bénéficié de cet entraînement.

Ce cours a aussi des répercussions sur la personnalité dont les effets ne sont pas immédiatement visibles. Il y a peu de temps, j'ai demandé au docteur David Allman, chirurgien d'Atlantic City, ancien président de l'Association médicale américaine, quels étaient, à son avis, les avantages de la parole en public pour la santé physique et morale. Il sourit et me dit qu'il ne pouvait mieux me répondre qu'en rédigeant une ordonnance qu'« aucun pharmacien ne pourrait exécuter : c'était à l'intéressé lui-même de le faire ; s'il pensait en être incapable, il avait tort ».

Je l'ai sur mon bureau. Chaque fois que je la relis, elle me fait une grande impression. La voici :

> « Donnez aux autres la possibilité de lire dans votre esprit et dans votre cœur. Apprenez à rendre vos pensées et vos idées claires, que vous parliez à une personne, à un groupe ou à un grand public. Vous découvrirez, en persévérant dans cette voie, que votre moi profond rayonne et marque votre entourage comme ce n'était jamais arrivé.

« Vous en tirerez un double avantage. En apprenant à parler aux autres, votre confiance en vous augmentera et votre personnalité sera plus chaleureuse. C'est-à-dire que vous irez mieux sur le plan émotionnel et, par suite, mieux aussi physiquement. Savoir parler en public, aujourd'hui, est à la portée de tous, hommes ou femmes, jeunes ou moins jeunes. J'ignore personnellement les avantages qui peuvent en découler dans les affaires ou dans l'industrie. J'ai seulement entendu dire qu'ils sont grands. Mais je connais ses bienfaits sur la santé. Parlez chaque fois que vous le pouvez, dans un petit groupe ou dans une assemblée. Vous y parviendrez de mieux en mieux, comme j'ai pu m'en rendre compte par moi-même. Vous y acquerrez de l'optimisme, vous éprouverez une impression de plénitude jamais encore ressentie.

« C'est une sensation merveilleuse qu'aucune pilule ne vous donnera jamais. »

La seconde suggestion est de vous voir en train de réussir ce que vous craignez d'entreprendre et de bien évaluer les avantages que vous retirerez de l'aptitude à bien vous exprimer en public. Rappelez-vous les mots de William James : « Si vous souhaitez fortement obtenir une chose, vous l'obtiendrez. »

Troisièmement : Soyez d'avance certain de votre succès.

On me demanda un jour, à la radio, de dire en trois phrases la plus grande leçon que j'avais apprise. Je répondis : « A mon avis, rien n'est plus important que ce nous pensons. Si je pouvais lire dans vos pensées, je saurais qui vous êtes, car vos pensées font votre personnalité. En changeant nos pensées, nous pouvons changer notre vie. »

Vous avez fixé votre objectif qui est d'accroître votre assurance et de mieux communiquer. Dès lors, vous devez penser positivement et non négativement à vos chances de réussir. Envisagez avec optimisme votre succès dans la parole en public. Que vos paroles et vos gestes reflètent cette détermination.

Voici une histoire qui vous prouvera que pour réussir dans la parole, il faut le vouloir ardemment.

L'homme dont il est ici question est parvenu si haut dans l'échelle sociale que son succès fait figure de légende. Pourtant la première fois qu'il eut à prendre la parole à l'université, les mots lui manquèrent. Il ne put atteindre la moitié des cinq minutes que son professeur lui avait assignées. Il devint pâle et quitta la tribune en larmes.

Il ne se laissa pas abattre par son échec. Il décida de devenir bon orateur et persévéra dans sa résolution jusqu'à ce qu'il devînt conseiller économique du gouvernement, respecté du monde entier. Son nom est Clarence B. Randall. Dans un de ses livres *Freedom Faith,* il a écrit : « J'ai gagné mes galons dans l'art de parler en public au cours des innombrables occasions où j'ai dû prendre la parole : dîners, banquets, réunions de Chambres de commerce, organisations d'étudiants ou Rotary Club. J'ai parlé pour le lancement d'un emprunt. J'ai fait un discours patriotique dans le Michigan, sur l'entrée des Etats-Unis dans la première guerre mondiale. J'ai soutenu des campagnes pour faire appel à la charité publique avec Mickey Rooney, et en faveur de l'éducation nationale avec le président James Bryant Conant de l'université Harvard et le chancelier Robert M. Hutchins de l'université de Chicago. J'ai même prononcé un discours en très mauvais français à la fin d'un banquet.

« Je crois donc savoir ce qu'un auditoire aime entendre et comment il aime qu'on le dise. *Et il n'y a rien, quoi qu'on dise, qu'un homme, même très occupé, ne puisse apprendre s'il le veut.* »

Je suis entièrement d'accord avec M. Randall. La volonté de réussir doit être à la base du processus qui fera de vous un bon orateur. Si je pouvais lire dans votre esprit pour m'assurer de la force de votre désir, pour évaluer votre conviction et vos doutes, je pourrais prédire, presque avec certitude, la rapidité de vos progrès.

Dans un de mes cours du Middle West, un homme se leva le premier soir. Il déclara, d'une voix ferme, qu'il construisait des maisons individuelles, et qu'il voulait devenir le porte-parole du syndicat des entrepreneurs de bâtiment. Il désirait parcourir le pays pour expliquer à ceux qu'il rencontrerait les problèmes et les réalisations de sa profession. Joe Haverstick savait ce qu'il voulait. Il était convaincu ; pour un animateur c'était le participant idéal. Il était profondément résolu à prendre la parole, non seulement sur le plan local, mais à l'échelon national. Il prépara consciencieusement chaque séance, travailla avec soin ses causeries, et pas une fois il ne fut absent, bien que cette période fût la plus chargée dans son métier. Comme il arrive toujours dans ce cas, il progressa à une telle rapidité, qu'il en fut surpris lui-même. En deux mois, il était parmi les meilleurs.

Son animateur était à Norfolk, en Virginie, un an plus tard, et voici ce qu'il m'écrivit : « J'avais complètement oublié Joe Haverstick quand, en prenant mon petit déjeuner, j'ai ouvert un journal. Il y avait la photographie de Joe et un article qui lui était consacré. La veille il avait pris la parole dans une réunion d'entrepreneurs, et j'ai pu constater que Joe était non seulement leur porte-parole mais leur président ! »

Pour réussir, vous devez, vous aussi, posséder les qualités nécessaires à toute entreprise : un désir proche de l'enthousiasme, la persévérance qui abat les montagnes et la certitude que vous allez réussir.

Quand Jules César traversa la Manche et débarqua avec ses légions dans le pays qui est aujourd'hui la Grande-Bretagne, que fit-il pour assurer sa victoire ? Une chose très intelligente. Il mena ses soldats sur les falaises de Douvres, d'où, en se penchant sur les flots, deux cents pieds plus bas, ils purent voir les flammes consumer les bateaux qui les avaient amenés. Dans un pays ennemi, leur dernier lien avec le continent tranché, leur dernier moyen de retraite brûlé, il ne leur restait qu'à avancer et à vaincre. C'est ce qu'ils firent.

Ce fut la méthode de César. Pourquoi ne pas la faire vôtre quand vous décidez de vaincre votre appréhension de l'auditoire ? Jetez au feu toutes les pensées négatives et claquez les portes sur ce passé d'indécisions.

Quatrièmement : Saisissez toutes les occasions de pratiquer.

Les cours que je donnais avant la première guerre mondiale ont changé au point d'en être méconnaissables. Tous les ans de nouvelles idées sont introduites dans le cours, et d'anciennes sont rejetées. Un seul point n'a pas varié. Tous les participants doivent faire une causerie, ou deux le plus souvent, devant les autres. Pourquoi ? Parce que nul ne peut apprendre à parler en public sans prendre la parole devant un auditoire, de même qu'on ne peut apprendre à nager sans entrer dans l'eau. Vous pourriez lire tous les livres sur l'art oratoire — y compris celui-ci — et rester incapable de parler. Ce livre est un excellent guide, mais vous devez mettre en pratique ses conseils.

On demanda un jour à George Bernard Shaw comment il avait appris à parler si bien en public. Il répondit : « De la même façon que j'ai appris à patiner : je me suis obstinément rendu ridicule jusqu'à ce que je sache ! » Dans sa jeunesse, Shaw avait été le garçon le plus timide de Londres. Souvent, il arpentait la rue pendant vingt minutes ou plus, avant de pouvoir frapper à une porte. « Peu d'hommes, confessa-t-il, ont plus souffert de la simple couardise et en ont ressenti plus de honte. »

Finalement, il découvrit la méthode la plus rapide et la plus sûre pour vaincre la timidité et la peur. Il décida de faire de son point faible son meilleur atout. Il s'inscrivit à un cercle qui organisait des débats. Il assista à toutes les réunions londoniennes de discussions publiques ; chaque fois il intervenait. C'est en se jetant dans la cause du Socialisme et en parlant en sa faveur, que G. B. Shaw se métamorphosa et devint un des plus brillants orateurs de la première moitié du XXe siècle.

Les occasions de parler en public fourmillent. Adhérez à des organisations et soyez volontaire chaque fois qu'il faut prendre la parole. Levez-vous et soutenez votre point de vue dans les réunions. Ne vous tenez jamais à l'écart des discussions. Parlez ! Enseignez à l'école du dimanche.

Devenez chef scout, faites partie de groupements où vous aurez l'occasion de participer activement aux assemblées. Vous n'avez qu'à regarder autour de vous pour voir qu'il n'y a pas d'activité professionnelle, sociale, politique, religieuse ou communale qui ne vous offre une occasion de parler. Vous n'imaginez pas les progrès que vous pouvez faire en saisissant toutes les occasions de parler.

« Je le sais, me dit un jour un jeune directeur, mais j'hésite à affronter l'épreuve des études.

— L'épreuve ! m'écriai-je, ôtez-vous cela de la tête. Vous n'avez jamais pensé aux études comme il fallait : avec un esprit de conquête !

— Qu'est-ce que c'est ? demanda-t-il.

— L'esprit d'aventure, lui répondis-je. Parler en public est une voie vers le succès, et épanouit la personnalité.

— Je vais essayer, me dit-il enfin, je vais me jeter dans l'aventure ! »

En lisant ce livre et en mettant ses principes en pratique, vous aussi, vous vous jetterez dans l'aventure. Vous verrez que la décision que vous avez prise, et la vision de ce que vous souhaitez être vous aideront. Cette aventure peut vous transformer intérieurement et extérieurement.

Votre personnalité va se développer. Une vie mieux remplie, passionnante vous attend.

CHAPITRE II

COMMENT DÉVELOPPER LA CONFIANCE EN SOI

« IL Y A CINQ ANS, MONSIEUR CARNEGIE, JE SUIS ALLÉ A L'HÔTEL où vous faisiez une conférence d'information. Je me suis avancé jusqu'à la porte de la salle et je me suis arrêté. Je savais que, si j'entrais et m'inscrivais au cours, je devrais, tôt ou tard, faire un discours. Ma main s'est figée sur le bouton de la porte. Je n'ai pas pu entrer, j'ai tourné les talons et quitté l'hôtel.

« Si j'avais su alors à quel point vous rendez facile de vaincre la peur qui paralyse devant un public, je n'aurais pas perdu cinq ans. »

L'homme qui faisait cette révélation n'était pas assis à une table ou à un bureau. Il s'adressait à quelque deux cents personnes. C'était la séance de remise des diplômes, à un de mes cours de New York. En l'écoutant je fus frappé par son calme et son assurance. Voici un homme, pensais-je, dont les facultés de chef vont s'accroître grâce à la confiance et à la facilité d'expression qu'il vient d'acquérir. Etant l'animateur, j'étais enchanté de constater qu'il avait vaincu sa peur, mais je ne pouvais m'empêcher de penser qu'il aurait mieux réussi encore et surtout été plus heureux s'il avait remporté cette victoire cinq ou dix ans plus tôt.

Emerson a dit : « La peur fait échouer plus de gens que

n'importe quel fléau au monde. » J'ai été à même de le constater et je suis heureux d'avoir pu délivrer les gens de la peur. Quand j'ai commencé mes cours, en 1912, je ne me doutais pas que ma méthode s'avérerait une des plus efficaces qui soit pour aider les gens à se débarrasser de leurs craintes et de leurs complexes d'infériorité. Apprendre à parler en public est le moyen naturel de surmonter la timidité et de développer courage et confiance en soi. Pourquoi ? Parce que cela nous met aux prises avec nos craintes.

Au cours des années passées à entraîner des hommes et des femmes à parler en public, j'ai recueilli des idées qui vous aideront à éliminer rapidement votre trac et à développer votre assurance en quelques semaines de pratique.

Premièrement : Cherchez les raisons de votre peur de parler en public.

Fait n° 1 :

Votre cas n'est pas unique. Des statistiques pratiquées dans des universités révèlent que quatre-vingts à quatre-vingt-dix pour cent des étudiants inscrits au cours d'éloquence ont le trac au début. Ces chiffres sont encore plus élevés chez les adultes qui fréquentent mes cours — presque cent pour cent.

Fait n° 2 :

Une certaine dose de trac est utile ! C'est une réaction naturelle qui nous prépare à affronter des circonstances inhabituelles. Ainsi lorsque votre pouls et votre respiration s'accélèrent, ne vous inquiétez pas : votre corps, toujours sensible aux stimulations extérieures, se prépare à l'action. Si ces phénomènes physiologiques ne dépassent pas certaines limites vous serez capable de penser plus vite, de parler plus facilement et, d'une façon générale, de vous exprimer avec plus d'intensité qu'habituellement.

Fait n° 3 :

Un grand nombre de conférenciers professionnels m'ont assuré que le trac ne les avait jamais complètement abandonnés. Ils le ressentent presque toujours avant de prendre la parole et pendant leurs deux ou trois premières phrases. C'est ce qui fait toute la différence entre un cheval de course et un cheval de trait. Les conférenciers qui se prétendent toujours

« aussi froids qu'un iceberg » produisent, généralement, l'effet réfrigérant de l'iceberg sur leurs auditeurs.

Fait n° 4 :

La cause principale de votre peur de parler en public vient simplement de votre manque d'habitude. « La peur est faite d'ignorance et d'incertitude », a dit le professeur Robinson dans *The Mind in the Making.* Pour la plupart des gens, parler en public représente une aventure aux inconnues redoutables. Pour le débutant, c'est une suite complexe de situations étranges plus difficiles, par exemple, qu'apprendre à jouer au tennis, ou conduire une automobile. Pour faciliter les choses, il n'y a qu'un moyen : LA PRATIQUE.

Vous découvrirez, comme des milliers d'autres, que parler en public peut devenir une joie plutôt qu'un supplice, simplement en accumulant des expériences réussies.

La façon dont un de nos éminents conférenciers et psychologues, Albert Edward Wiggam, surmonta sa peur m'a beaucoup appris. Au lycée il était terrifié à la pensée d'avoir à se lever pour parler pendant cinq minutes.

« A mesure que le jour se rapprochait, écrit-il, je devenais réellement malade. Dès que cette terrifiante pensée me traversait l'esprit, le sang me montait à la tête et les joues me brûlaient à me faire mal. Je me réfugiais dans la cour et posais mon front brûlant sur les briques froides du mur pour me rafraîchir.

« Ce fut pareil à l'université. A l'occasion d'une fête, j'appris par cœur un morceau très court commençant par ces mots : « Adams et Jefferson ne sont plus... » Lorsque je me trouvai face à l'auditoire, la tête me tourna, je ne savais plus où j'étais. Je parvins à balbutier la première phrase, disant : « Adams et Jefferson sont morts ». Je ne pus ajouter un mot. Alors je saluai... et sortis solennellement au milieu des applaudissements. Le président se leva et dit : « Eh bien, nous som-« mes navrés d'apprendre cette triste nouvelle, mais nous allons « faire de notre mieux pour ne pas nous laisser abattre en ces « pénibles circonstances .» Je crus mourir de honte devant l'éclat de rire général qui suivit. J'en fus malade plusieurs jours. Il est certain que devenir conférencier était la dernière chose à laquelle j'aurais pensé. »

Un an après sa sortie du collège, Albert Wiggam était à

Denver. La campagne politique de 1896 faisait rage autour du Free Silver (spéculation sur la liberté de frapper la monnaie). Un jour il lut un pamphlet expliquant les buts des défenseurs. Il fut si exaspéré par les erreurs et les promesses creuses de Bryan et de ses partisans, qu'il engagea sa montre pour pouvoir retourner dans son Indiana natal. Là, il se proposa pour défendre la monnaie. Beaucoup de ses anciens camarades de classe étaient dans l'auditoire. « Quand je me levai, raconte-t-il, le souvenir de ma mésaventure avec Adams et Jefferson me traversa l'esprit. Je bégayai, je bafouillai et tout sembla perdu. Mais, comme Chauncey Depew aime à le dire, « l'auditoire et moi avons survécu à l'introduction ». Encouragé par ce succès, je continuai à parler pendant un temps qui me parut de quinze minutes environ. A mon grand étonnement je sus par la suite que j'avais parlé une heure et demie.

« Quelques années plus tard je me trouvai, à ma profonde surprise, gagner ma vie comme conférencier.

« J'ai compris, par expérience, ce que William James entend par « l'habitude du succès ».

Albert Edward Wiggam apprit que le plus sûr moyen de surmonter la peur de parler en public était la pratique.

Vous devez vous attendre à éprouver une certaine appréhension et apprendre à compter sur un certain trac pour vous aider à mieux parler.

Si le trac se révèle insurmontable et affecte sérieusement vos possibilités, bloque vos facultés, gêne votre élocution ou vous donne des tics nerveux et des contractions musculaires anormales, ne vous désespérez pas. Ces symptômes ne sont pas rares chez les débutants. Si vous persévérez, votre trac diminuera jusqu'à devenir une aide au lieu d'une gêne.

Deuxièmement : Préparez-vous convenablement.

L'orateur principal d'un déjeuner du Rotary Club de New York, il y a quelques années, était un membre éminent du gouvernement. Nous étions impatients de l'entendre décrire les activités de son ministère. De toute évidence son discours n'avait pas été préparé. Il essaya d'abord d'improviser. N'y parvenant pas, il sortit de sa poche une liasse de notes, manifestement en désordre. Il se battit maladroitement avec ses papiers pendant quelques instants, et se montra de plus en plus embarrassé et stupide. A mesure que le temps passait, il devenait plus désemparé et confus, mais il continuait de bafouiller, s'excusait, essayait de tirer parti de ses notes et levait d'une main tremblante un verre d'eau jusqu'à ses lèvres desséchées. C'était triste de voir un homme paralysé par la peur, car il ne s'était pas préparé. Il s'assit enfin, et me parut être l'orateur le plus humilié que j'aie jamais vu. Il avait prononcé son discours comme Rousseau dit qu'on doit écrire une lettre d'amour : commencer sans savoir ce qu'on va dire et terminer sans savoir ce qu'on a dit.

Depuis 1912, j'ai eu à juger plus de cinq mille causeries par an. De cette expérience une grande leçon s'est dégagée pour moi, à savoir que *seul l'orateur qui s'est préparé peut avoir confiance en lui-même.* Comment peut-on espérer renverser la forteresse de la peur si on la combat avec des armes défectueuses ou sans munitions ? « Je crois, a dit Lincoln, que je ne serai jamais assez vieux pour parler sans embarras quand je n'aurai rien à dire. »

Si vous voulez développer votre confiance en vous-même, pourquoi ne pas faire la seule chose qui puisse vous la donner ? « L'amour parfait, a écrit l'apôtre Jean, bannit la crainte. » La parfaite préparation aussi. Daniel Webster affirmait qu'il ne songerait pas plus à paraître devant un auditoire à demi vêtu qu'à demi préparé.

N'essayez jamais d'apprendre votre texte par cœur

« Parfaite préparation », est-ce à dire du mot à mot ? A cette question je réponds catégoriquement NON. En essayant de prévenir les dangers du trou de mémoire devant le public, de nombreux conférenciers tombent dans le piège du « par cœur ». Ils sont alors esclaves d'une méthode de préparation qui dévorera leur temps et enlèvera tout impact à leur discours.

Quand H. V. Kaltenborn, le doyen des radio-reporters américains, était étudiant à Harvard, il prit part à une compétition oratoire. Il choisit une courte nouvelle intitulée *Messieurs, le roi* et l'apprit par cœur. Il se la récita plus de cent fois. Le jour du concours, il énonça le titre : *Messieurs, le roi !* puis il eut un trou de mémoire. Ce fut plus que le trou, le vide total. Il était atterré et, en désespoir de cause, il se mit à raconter l'histoire à sa façon. Il fut le plus surpris de tous quand les juges lui octroyèrent le premier prix. Depuis ce jour, H. V. Kaltenborn n'a jamais lu ou récité un discours. C'est le secret de sa réussite à la radio. Il prépare quelques notes et parle avec naturel à son auditoire, sans papier.

Ecrire et apprendre par cœur un discours, c'est perdre du temps, gaspiller de l'énergie et courir à l'échec. Dans la vie, nous parlons spontanément. Nous ne pensons pas nos mots. Nous pensons nos idées. Si nos idées sont claires, les mots viendront naturellement et spontanément.

Winston Churchill lui-même a connu cette dure expérience. Lorsqu'il était jeune, il écrivait et apprenait par cœur ses discours. Mais un jour, alors qu'il prononçait une harangue au Parlement britannique, il s'arrêta court, il avait perdu le fil. Embarrassé, humilié, il recommença sa dernière phrase, mais sans plus. Le visage écarlate, il dut se rasseoir. Depuis ce jour, il n'a plus jamais essayé de faire un discours appris par cœur.

Si nous apprenons mot à mot, il est probable que nous aurons oublié quand nous nous trouverons devant nos auditeurs. Même si nous avons retenu le texte, nous le réciterons mécaniquement. Pourquoi ? Parce qu'il ne viendra pas du cœur, mais de la mémoire. Quand nous parlons à quelqu'un, nous pensons à ce que nous allons dire, puis nous parlons sans chercher nos mots. Nous l'avons fait toute notre vie. Pourquoi vouloir changer maintenant ? En essayant d'écrire et d'apprendre mot à mot, nous courons le risque de faire la même expérience que Vance Bushnell.

Vance fut lauréat de l'école des Beaux-Arts de Paris, puis vice-président de l'une des plus importantes compagnies d'assurances du monde. Un jour, il y a fort longtemps, on lui demanda de faire une conférence à deux mille représentants de sa compagnie, lors d'un congrès, en Virginie. A cette époque, il n'avait que deux ans de présence dans les assurances, mais il avait si bien réussi qu'on l'avait choisi pour faire un speech de vingt minutes.

Mais malheureusement, il écrivit son texte et l'apprit par cœur. Il le répéta quarante fois devant son miroir. Il avait tout prévu : les gestes, les expressions du visage. Cela devait être parfait.

Cependant, quand il se leva pour parler, il était terrorisé. Il commença : « Mon rôle dans ce programme est... » Impossible d'aller plus loin, il avait tout oublié ! Dans sa confusion il recula de deux pas et essaya de recommencer. Peine perdue, sa mémoire refusait tout service. Il recula encore de deux pas et recommença. Ce manège se répéta trois fois. L'estrade avait 1,20 m de haut, il n'y avait pas de balustrade au fond et un espace libre de 1,50 m séparait la tribune du mur. Aussi, la quatrième fois qu'il recula il culbuta et disparut. L'auditoire fut secoué par un éclat de rire énorme. Un des spectateurs en tomba même de son fauteuil. Jamais, de mémoire de la compagnie, on n'avait assisté à pareil spectacle. Le plus drôle, c'est que le public crut que c'était un scénario voulu et préparé : les plus anciens représentants en parlent encore.

Quant à Vance Bushnell, il m'a avoué que ce fut le moment le plus pénible de sa vie. Il fut si humilié qu'il donna sa démission. Ses supérieurs le persuadèrent de la retirer et l'aidèrent à reprendre confiance. Il est devenu, par la suite, un brillant orateur. Mais jamais plus il n'apprit par cœur. Que son expérience nous serve !

J'ai entendu d'innombrables discours que des hommes et des femmes essayaient de réciter par cœur. Tous ces orateurs auraient été plus vivants et plus humains, s'ils avaient jeté au panier ce récit laborieusement appris. En agissant ainsi, ils auraient peut-être oublié un détail, ou parlé à bâtons rompus, mais au moins, ils auraient été humains.

Abe Lincoln a dit un jour : « Je n'aime pas entendre un sermon préparé à l'avance. Quand j'entends prêcher, j'aime que le prédicateur réagisse comme s'il se battait avec des abeilles. » Il voulait dire qu'un orateur doit être pris par son sujet. Nul ne réagit « comme s'il se battait avec des abeilles » quand il cherche à retrouver des mots préalablement préparés.

Assemblez et classez vos idées à l'avance

Quelle est alors la meilleure méthode pour préparer un discours ? Simplement celle-ci : cherchez dans votre passé un événement qui vous a appris quelque chose, puis classez les idées, les convictions, les pensées qu'il vous a suggérées. Pour bien vous préparer, pensez à votre sujet. Comme l'a dit le docteur Charles Reynold Brown il y a quelques années dans une mémorable série de conférences à l'université Yale : « Pensez votre sujet jusqu'à ce qu'il soit mûr et que les idées affluent. Puis jetez en quelques mots toutes ces idées sur le papier ; recopiez-les sur de petites fiches qui, une fois classées, constitueront le plan de votre causerie. Ce ne semble pas être une tâche bien difficile à réaliser, n'est-ce pas ? Elle vous demandera seulement un peu de concentration et de réflexion.

Parlez de votre sujet avec vos amis

Devez-vous parler de votre sujet après l'avoir un peu débrouillé ? Certainement. C'est une bonne méthode, simple et efficace. Testez les idées que vous avez choisies pour votre causerie dans votre conversation de tous les jours avec vos amis et relations, mais sans insister, dites plutôt par exemple : « Vous savez, Joe, il m'est arrivé une histoire extraordinaire un jour, j'aimerais vous la raconter. » Joe sera probablement heureux de vous écouter. Surveillez ses réactions. Notez ses remarques. Il peut avoir une idée originale. Il ne se doutera pas que vous vous servez de lui pour répéter votre discours — ce qui n'a pas d'importance —, mais il vous dira, sans doute, avoir pris plaisir à votre conversation.

Allan Nevins, l'historien distingué, a donné un conseil semblable à de jeunes écrivains : « Trouvez quelqu'un qui s'intéresse à votre sujet et développez-le devant lui. Ainsi vous découvrirez une interprétation qui aurait pu vous échapper, des arguments que vous n'aviez pas soupçonnés et la forme la meilleure pour votre récit. »

Troisièmement : Soyez d'avance certain de votre succès.

Rappelez-vous, dans le premier chapitre cette phrase s'appliquait à l'attitude mentale à adopter pour pouvoir parler en public. Cette même règle vaut pour la tâche qui vous attend maintenant : faire de chacune de vos interventions une réussite. Il y a trois moyens :

Pénétrez-vous de votre sujet

Après avoir choisi et ordonné votre sujet selon un plan logique, vous en avez parlé devant vos amis. Mais votre préparation n'est pas finie. Vous devez vous convaincre de l'importance de votre sujet et avoir l'attitude qui a fait réussir tous les grands personnages de l'histoire, qui est de croire en votre message. Comment mettre le feu sacré dans votre message ?

En explorant tous ses aspects en approfondissant sa signification, en vous demandant comment vos paroles seront profitables à vos auditeurs.

Evitez tout stimulant négatif qui pourrait vous troubler

Penser que vous allez faire une erreur de grammaire, ou que vous allez passer à la conclusion alors que vous ne serez qu'au milieu de votre argumentation, voilà des pensées négatives qui peuvent vous faire perdre confiance avant même que vous n'ayez commencé. Il est spécialement recommandé d'éviter de penser à vous avant de prendre la parole. Concentrez-vous sur ce que disent les autres orateurs, soyez un auditeur attentif, et vous ne penserez plus au trac.

Faites de l'autosuggestion

A moins d'être enthousiasmé par une grande cause à laquelle il aura consacré sa vie, tout orateur aura un jour des doutes sur la valeur de son sujet. Il se demandera s'il lui convient, et s'il peut intéresser l'auditoire. Dans sa perplexité, il sera tenté de le changer. Dans ces circonstances où l'aspect négatif du problème risque de ruiner votre confiance en vous, il est indispensable de faire de l'autosuggestion. En d'autres termes dites-vous que le sujet vous convient parce que vous l'avez vécu et qu'il est le reflet de vos convictions. Dites-vous que nul n'est plus qualifié que vous pour en parler et que vous ferez de votre mieux pour le mettre en valeur. C'est la vieille méthode Coué ? Peut-être, mais les psychologues modernes sont d'accord pour affirmer que l'autosuggestion est un stimulant des plus actifs pour apprendre rapidement, même si, au départ, on n'y croit pas. Combien plus puissante alors sera une autosuggestion sincère basée sur la vérité ?

Quatrièmement : Agissez avec confiance.

Le professeur William James, le plus célèbre psychologue que l'Amérique ait produit, a écrit : « L'action semble suivre la pensée, mais en fait action et pensée se produisent simultanément. En réglant l'action qui est sous le contrôle de la volonté, nous pouvons gouverner indirectement les sentiments qui lui échappent. »

Le remède souverain pour retrouver la joie si nous l'avons perdue, est de nous redresser joyeusement, de parler et agir comme si la joie était revenue. Si une telle conduite ne nous rend pas plus joyeux, rien d'autre dans cette circonstance n'y parviendra.

Pour devenir braves, agissons comme si nous l'étions, mettons-y toute notre volonté et par un acte de courage nous triompherons de la peur.

Suivez les conseils du professeur James. Pour développer votre courage quand vous affrontez un auditoire, faites comme si vous n'aviez pas peur. Naturellement, si vous ne vous êtes pas préparé convenablement, tous les stimulants du monde vous seront de peu d'utilité.

Mais si nous admettons que vous savez de quoi vous allez parler, avancez d'un pas vif, et respirez profondément. Respirez à fond trente secondes avant d'affronter l'auditoire. La réserve d'oxygène vous soutiendra et vous donnera du courage. Le grand ténor Jean de Reszke disait qu'en aspirant à fond, sa nervosité disparaissait.

Tenez-vous bien droit et regardez vos auditeurs. Commencez à parler avec confiance en vous, comme si chacun vous devait de l'argent. Pensez que c'est le cas. Imaginez qu'ils sont là pour vous demander de leur faire crédit. Cela vous aidera.

Si vous doutez que cette méthode soit bonne, vous changerez d'avis après une conversation avec n'importe lequel de nos participants qui l'ont adoptée. Comme vous ne pouvez leur parler directement, écoutez le témoignage d'un Américain qui restera le symbole du courage. Dans sa jeunesse, il était particulièrement timoré ; en développant sa confiance en lui, il devint un homme des plus audacieux. C'est le président des Etats-Unis qui fut le plus aimé, respecté et écouté de ses contemporains : Théodore Roosevelt. « Après avoir été un enfant maladif et gauche, a-t-il écrit dans son autobiographie, je devins un jeune homme nerveux doutant de mes possibilités. Je me suis entraîné péniblement, laborieusement, sur le plan physique et sur le plan moral et intellectuel. »

Il nous a révélé comment il parvint à se transformer : « Dans ma jeunesse, j'avais lu un livre de Marryat que je n'ai jamais oublié. Le capitaine d'un petit bateau de guerre britannique apprend au héros de l'ouvrage à devenir courageux. « Tout « homme, dit-il, a peur quand arrive le moment de l'action. Il

« faut alors garder assez d'emprise sur soi pour agir comme « si la peur n'existait pas. » Quand on garde cette attitude assez longtemps, elle devient réalité, et l'homme acquiert le courage qu'il n'avait pas.

« Ce fut la maxime qui me guida. Beaucoup de choses m'effrayaient au début, les ours gris, aussi bien que les chevaux vicieux et les bandits armés, mais en faisant comme si je ne les redoutais pas, je cessai peu à peu d'avoir peur. La plupart des hommes peuvent faire cette expérience s'ils le désirent. »

Surmonter la peur de parler en public a une énorme répercussion sur tout ce que nous faisons. Ceux qui y parviennent, s'aperçoivent qu'ils s'améliorent sur bien des points, et ils constatent que leur victoire les a fait sortir d'eux-mêmes pour les lancer dans une vie plus riche et mieux remplie.

Un représentant de commerce m'écrivit un jour : « Après avoir parlé devant mes condisciples à quelques séances, j'ai senti que je pouvais affronter n'importe qui. Je me rendis un matin chez un client pas commode, et avant qu'il ait pu dire non j'avais étalé mes échantillons sur son bureau. Il me passa une des meilleures commandes que j'aie jamais reçues. »

Une maîtresse de maison a confié de son côté à un de nos responsables de région : « J'avais peur d'inviter mes voisins par crainte de ne pouvoir tenir une conversation. Quand j'eus suivi quelques-uns de vos cours et pris la parole devant mes camarades, je lançai ma première invitation. Ce fut un grand succès. Je n'eus aucun mal à rompre la glace en amenant des sujets de discussions qui les intéressaient. »

En fin de session un vendeur déclara : « J'avais peur des clients et je paraissais m'excuser auprès d'eux. Après avoir suivi vos cours, je parlais avec plus d'assurance, et, miracle ! j'allais jusqu'à réfuter les objections. Le total de mes ventes augmenta de quarante-cinq pour cent dès le premier mois. »

Tous ont ainsi découvert qu'ils pouvaient surmonter leurs craintes et leurs anxiétés et réussir là où auparavant ils auraient peut-être échoué. Vous aussi vous verrez que parler en public vous aidera à affronter les difficultés journalières. Vous pourrez aborder les problèmes quotidiens avec une maîtrise nouvelle. Ce qui était une suite de situations insolubles peut devenir un défi à augmenter votre joie de vivre.

CHAPITRE III

UN MOYEN RAPIDE ET FACILE POUR BIEN PARLER EN PUBLIC

JE REGARDE RAREMENT LA TÉLÉVISION DANS LA JOURNÉE, MAIS UN ami m'a récemment conseillé de suivre un programme de l'après-midi destiné surtout aux maîtresses de maison. C'était une émission très populaire, et mon ami pensait que la participation du public m'intéresserait. Je la suivis plusieurs fois, et je fus véritablement émerveillé par la façon dont le meneur de jeu réussissait à faire parler d'une manière intéressante des personnes de l'assistance. Ce n'étaient évidemment pas des orateurs professionnels. Ces personnes n'avaient jamais suivi de cours d'élocution. Certaines faisaient des fautes de syntaxe et avaient une mauvaise prononciation, mais toutes étaient attachantes. Lorsqu'elles commençaient à parler, elles oubliaient les caméras et captaient l'attention de l'auditoire.

Pourquoi ? Je le sais parce que j'emploie depuis des années la technique de cette émission. Ces gens simples intéressaient les téléspectateurs. Ils parlaient d'eux-mêmes, de leurs moments difficiles, de leurs meilleurs souvenirs, de leur première rencontre avec leur mari ou leur femme. Ils ne cherchaient pas à faire de la rhétorique : introduction, développement, conclusion. Ils ne s'occupaient ni de leur diction ni de la tournure de leurs phrases et cependant ils obtenaient le témoignage du succès sans équivoque : l'attention du public. Ce fait illustre le bien-fondé de la première des trois règles fondamentales à observer pour apprendre d'une façon simple et rapide à s'exprimer en public :

Premièrement : Traitez un sujet que vous connaissez par expérience ou par étude.

Ces hommes et ces femmes, qui avaient vécu ce qu'ils racontaient, rendaient passionnant un programme de télévision en parlant de leurs expériences personnelles. Ils parlaient de choses qu'ils connaissaient. Qu'en aurait-il été si on leur avait demandé de définir le communisme ou de décrire l'organisation des Nations Unies ! C'est malheureusement l'erreur commise par de nombreux orateurs. Ils s'attaquent à des sujets qu'ils connaissent peu. Ils choisissent des thèmes comme le patriotisme, la démocratie ou la justice, puis après quelques heures de recherches fiévreuses dans un livre de citations ou dans un manuel du parfait conférencier, ils parlent généralement sur de vagues souvenirs ou sur les idées d'un vieux cours de sciences politiques, tant et si bien que le seul mérite de leur conférence est celui de la longueur. Il ne leur est pas venu à l'esprit que leurs auditeurs auraient préféré quelques faits bien précis à ces abstractions prétentieuses.

Il y a quelques années, à un cours laboratoire Dale Carnegie, au *Conrad Hilton Hotel* de Chicago, un participant commença : « Liberté, égalité, fraternité, telles sont les plus hautes aspirations de l'humanité. Sans liberté la vie ne vaut pas la peine d'être vécue. Imaginez ce que serait l'existence si on portait atteinte à la liberté d'action. »

Il n'alla pas plus loin car il fut interrompu, avec raison, par l'animateur, qui lui demanda d'où lui venait cette conviction. Il nous raconta une histoire étonnante.

Il avait été dans la résistance française et raconta les sévices qu'il avait subis lui et sa famille sous l'occupation nazie. Il décrivit en termes imagés comment il avait échappé à la police secrète, et finalement gagné l'Amérique. Il termina par ces mots : « Tout à l'heure je descendais Michigan Avenue pour me rendre à cet hôtel, mais j'étais libre, je pouvais aller ailleurs si je voulais. J'ai croisé un agent de police qui n'a pas fait attention à moi. Je suis entré sans avoir à présenter ma carte d'identité, et quand cette réunion sera terminée, je pourrai me rendre où je voudrai à Chicago. Croyez-moi, la liberté vaut que l'on se batte pour elle ! » L'auditoire debout lui fit une ovation.

Dites ce que la vie vous a appris

Les orateurs qui parlent de ce que la vie leur a apporté retiennent toujours l'attention du public. Je sais, par expérience, que beaucoup ont du mal à admettre ce point de vue. Il croient que leur expérience est insignifiante et sans intérêt pour les autres. Ils préfèrent planer dans les généralités et les principes philosophiques malheureusement trop abstraits pour de simples mortels. Ils nous offrent des éditoriaux alors que nous voulons des nouvelles. Nous ne sommes pas opposés aux éditoriaux quand ils viennent des éditorialistes, c'est-à-dire d'un journaliste. Donc : parlez de ce que la vie vous a appris, et je vous écouterai avec intérêt.

On a dit qu'Emerson était toujours désireux d'entendre ses semblables, aussi humble que soit leur situation, car il savait que tout homme pouvait lui apprendre quelque chose. J'ai probablement entendu plus de conférences qu'aucun homme à l'ouest du rideau de fer, et je puis dire, en toute franchise, n'en avoir jamais entendu d'ennuyeuses quand l'orateur disait ce que la vie lui avait enseigné, même si la leçon était mince ou banale.

Prenons un exemple : il y a quelques années, un de nos animateurs donnait un cours de parole en public aux directeurs d'un groupe de banques de New York. Naturellement, les membres d'un tel groupe, dont le temps était si pris, avaient des difficultés à se préparer convenablement ou à faire ce qu'ils croyaient être une préparation. Toute leur vie ils avaient pensé d'une façon qui leur était propre ; ils avaient acquis des convictions, avaient vu les choses selon leur optique personnelle et vécu des expériences originales. En quarante ans, ils avaient accumulé nombre de sujets de causeries. Mais il était difficile de le faire admettre à certains.

Un vendredi, un monsieur, dont la banque était au nord de Manhattan et que nous appellerons pour les besoins de la cause M. Jackson, vit qu'il était déjà quatre heures et demie, et il se demanda de quoi il pourrait parler. Il sortit de son bureau, acheta le *Forbes' Magazine* et, dans le métro, il parcourut un article intitulé « Vous n'avez que dix ans pour réussir ». Il le lut non parce que l'article l'intéressait, mais parce qu'il devait trouver un sujet de causerie pour le soir même.

Une heure plus tard, il essaya de parler d'une façon intéressante et avec conviction de ce qu'il avait lu.

Quel en fut le résultat ? L'inévitable résultat ?

Il n'avait ni digéré, ni assimilé ce qu'il essayait de dire. Il essayait... c'est bien le terme exact. En fait il ne communiquait aucun message et cela apparaissait nettement dans son attitude et dans le ton de sa voix. Comment pouvait-il espérer intéresser quand lui-même ne l'était pas ? Il se référait à son article en disant que l'auteur pensait telle ou telle chose. Il y avait beaucoup trop de *Forbes' Magazine*, et malheureusement, pas assez de M. Jackson.

Quand il eut terminé, l'animateur lui dit : « Monsieur Jackson, la personne qui a écrit cet article nous est indifférente. Elle n'est pas là. Nous ne la voyons pas. Mais nous désirons connaître vos convictions personnelles. Dites-nous ce que vous pensez, et non ce qu'un autre a dit. Mettez plus de vous-même dans votre causerie. Voulez-vous recommencer la semaine prochaine ? Relisez votre article. Demandez-vous si vous partagez l'opinion de l'auteur. Dans l'affirmative, illustrez ce qui vous paraît exact par des observations tirées de votre expérience. Dans le cas contraire, dites-nous pourquoi. Que cet article soit le point de départ de votre causerie. »

M. Jackson relut son article et s'aperçut qu'il n'était pas d'accord avec l'auteur. Il chercha dans ses souvenirs des exemples prouvant son désaccord. Il appuya ses convictions sur des détails de son expérience de directeur de banque. La semaine suivante, sa causerie était fondée sur son expérience et reflétait ses idées : au lieu d'un article réchauffé, c'était une œuvre originale marquée de son sceau. Je vous laisse deviner laquelle des deux causeries fit le plus impression.

Cherchez des sujets dans votre passé

On demanda un jour à nos animateurs de faire connaître, par écrit, ce qui, à leur avis, était le problème le plus ardu qu'ils eussent à résoudre avec les débutants. Tous furent unanimes, leur faire traiter un sujet qui leur convînt.

Qu'est-ce donc qu'un bon sujet ? Votre sujet est bon s'il fait partie de vous-même, si vous l'avez fait vôtre par l'étude ou par l'expérience. Comment le trouver ? En cherchant dans vos souvenirs des faits qui vous ont particulièrement frappés. Il y a quelques années, nous avons fait une enquête pour savoir quels sujets captaient l'attention des auditeurs de nos cours. Nous avons découvert qu'ils concernaient certaines époques bien déterminées.

Les jeunes années et l'éducation. Les sujets qui ont trait à la famille, aux souvenirs d'enfance, aux années scolaires, retiennent invariablement l'attention, parce que presque tous nous aimons savoir comment les autres ont surmonté les difficultés inhérentes à leur milieu.

Chaque fois qu'il est possible, glissez dans vos causeries des exemples de votre jeunesse. La popularité des pièces de théâtre, des films et des romans qui traitent du conflit de la jeunesse dans le monde des adultes, prouve la valeur de ce thème. Mais comment pouvez-vous être sûr que les autres s'intéresseront à ce qui vous est arrivé quand vous étiez jeune ? Il y a un moyen. Si, après bien des années, un événement demeure vivant dans votre esprit, presque à coup sûr, il captera votre auditoire.

Débuts difficiles pour en sortir. C'est une mine d'intérêt humain. Là encore, vous pourrez capter l'attention en racontant vos premières tentatives pour trouver une situation. Comment êtes-vous parvenu à obtenir tel travail ou à exercer telle profession ? Quel concours de circonstances vous a permis de réussir ? Racontez vos déconvenues, vos espoirs, vos succès lorsque vous vous êtes lancé dans le monde des affaires. Une image véritable de la vie de quiconque, si elle est racontée sans prétention, offre un sujet à toute épreuve.

Violons d'Ingres et loisirs. Ce sont des sujets très personnels donc intéressants. Vous ne pouvez vous tromper en parlant de quelque chose que vous aimez. Votre enthousiasme pour votre passe-temps favori vous aidera à le communiquer aux autres.

Connaissances particulières. Des années de travail dans une profession déterminée ont fait de vous un spécialiste. On vous accordera une attention respectueuse si vous exposez certains aspects de votre métier.

Expériences exceptionnelles. Par exemple si vous avez rencontré un grand homme, si vous vous êtes trouvé sous un bombardement, si vous avez traversé une crise spirituelle. Ce sont de bonnes expériences qui peuvent fournir matière aux meilleures causeries.

Croyances et convictions. Vous avez peut-être consacré beaucoup de temps et d'efforts pour vous faire une opinion sur les problèmes qui se posent dans le monde. Si vous avez passé des heures à étudier des questions importantes, vous avez acquis le droit d'en parler. Mais si vous le faites, veillez à donner des exemples précis. Le public n'apprécie pas les causeries pleines de généralités. Ne croyez pas que la lecture de quelques articles soit une préparation suffisante pour de tels sujets. Si vous n'en savez guère plus que votre auditoire, mieux vaut ne pas en parler. Mais si vous avez passé des années à approfondir quelque chose, ce sera évidemment un sujet pour vous. N'hésitez pas alors à le prendre.

Comme il a été dit au chapitre deux, la préparation d'une causerie ne consiste pas à jeter quelques mots sur du papier ou à se rappeler une suite de phrases par cœur. Il ne suffit pas non plus de rassembler des idées glanées dans un ouvrage ou dans un article de journal. Il faut creuser au plus profond de votre esprit et de votre cœur pour en ramener une partie des convictions essentielles que la vie y a accumulées. C'est toujours là que vous trouverez le thème de vos causeries. Ne rejetez pas ces sujets, en les jugeant trop personnels ou sans intérêt pour l'auditoire. J'ai pris le plus grand plaisir, et j'ai été souvent très touché, par des causeries de ce genre qui sont plus attachantes que celles de professionnels.

C'est seulement en traitant un sujet dont vous avez acquis le droit de parler que vous serez capable de remplir la deuxième condition pour apprendre à parler en public.

Deuxièmement : Traitez un sujet qui vous tienne à cœur.

Les sujets dont vous et moi avons mérité de parler ne nous passionnent pas nécessairement. Par exemple, puisque je la fais moi-même, je pourrais parler de la vaisselle. Mais la vaisselle ne provoque chez moi aucun enthousiasme. En fait, je préfère même ne pas y penser. Cependant j'ai entendu des ménagères — je veux dire des maîtresses de maison — faire de magnifiques causeries sur la vaisselle. Elles avaient un tel dégoût de cette besogne ou elles avaient imaginé des méthodes si ingénieuses pour s'en débarrasser, qu'elles se passionnaient pour ce sujet qui, ainsi, prenait de l'intérêt.

Pour apprécier la qualité de votre sujet, posez-vous la question : si on vous opposait un point de vue différent, seriez-vous capable de parler avec conviction et ferveur pour le défendre ? Si la réponse est oui, votre sujet est bon.

J'ai retrouvé récemment des notes prises en 1926, après la septième session de la Société des Nations à Genève. J'y ai relevé ce passage : « Après avoir écouté trois ou quatre pâles orateurs lire leurs déclarations, Sir George Foster vint à la tribune pour parler au nom du Canada. Avec une immense satisfaction, je notai qu'il n'avait pas de papier ni de notes d'aucune sorte. Il était animé, mettait son cœur dans ce qu'il disait. Il avait un message à faire passer. Il voulait que ses convictions profondes soient acceptées par l'assemblée. » Les principes que je préconise étaient illustrés par son attitude.

Je me rappelle souvent ce discours de Sir George, la sincérité, la conviction de cet homme. C'est seulement en traitant des sujets qui sont au fond de vous-même que votre sincérité pourra éclater. Un des prédicateurs américains les plus dynamiques, Mgr Fulton J. Sheen, s'en rendit compte très jeune.

« J'avais été désigné pour participer à un débat au séminaire, a-t-il écrit dans son livre *La vie vaut la peine d'être vécue.* La veille au soir du débat, mon professeur me fit appeler et me semonça vertement. « Vous ne valez rien. Vous êtes le plus mauvais orateur de cette université depuis qu'elle existe.

— Mais, dis-je, en essayant de me justifier, si je suis si mauvais pourquoi m'avez-vous désigné pour prendre part à ce débat ?

— Parce que, à défaut de savoir parler, vous savez penser, répondit-il. Allez vous mettre dans ce coin. Prenez un passage de votre exposé et travaillez-le. »

« Je répétai ce paragraphe pendant une heure au bout de laquelle il me demanda :

« Vous rendez-vous compte de ce qui ne va pas ?

— Non. »

« Une heure et demie, deux heures, deux heures et demie passèrent. J'étais épuisé.

« Vous ne voyez toujours pas où est votre erreur ? »

« Ayant habituellement l'esprit vif, après deux heures et demie je compris enfin !

« Oui. Je ne suis pas sincère. Je ne suis pas moi-même. Je ne parle pas comme si j'y croyais. »

Mgr Sheen venait d'apprendre une leçon qu'il ne devait jamais oublier. *Il mit une partie de lui-même dans sa causerie,* il s'enflamma pour le sujet qu'il devait traiter ; seulement alors son professeur lui dit : « Maintenant, vous êtes prêt ! »

Quand un de nos participants prétend que rien ne l'intéresse et que la vie lui paraît monotone, nos animateurs ont l'habitude de lui demander comment il passe ses loisirs. L'un va au cinéma, l'autre joue aux boules, un troisième cultive des roses. L'un d'eux dit qu'il collectionnait des boîtes d'allumettes. Grâce aux questions de l'animateur, il s'anima peu à peu en parlant. Il fit des gestes pour décrire le meuble où il rangeait sa collection. Il raconta qu'il possédait des boîtes de presque tous les pays du monde. Quand il eut atteint le degré d'excitation suffisant, l'animateur l'arrêta : « Pourquoi ne traiteriez-vous pas ce sujet ? Cela me paraît passionnant. » Il répondit qu'il pensait que personne ne s'y intéresserait ! Voici un homme qui avait passé des années à s'adonner à un passe-temps devenu presque une passion, et il refusait d'y voir un bon sujet de causerie ! L'animateur lui affirma que le seul moyen d'estimer la valeur d'un sujet était de se demander à quel point il nous intéresserait nous-mêmes. Il parla ce soir-là avec la passion du vrai collectionneur. J'ai appris par la suite qu'il avait obtenu un certain prestige local en allant dans des clubs parler de sa collection de boîtes d'allumettes.

Cet exemple nous amène directement au troisième principe :

Troisièmement : Ayez le désir ardent de communiquer avec vos auditeurs.

Dans toute situation oratoire, il y a trois éléments : l'orateur, le discours, l'auditoire. Les deux premières règles de ce chapitre ont été consacrées à l'importance du sujet pour l'orateur. Jusqu'ici on ne peut parler de « situation oratoire ». Elle commence quand le conférencier prend la parole en public. La causerie a pu être bien préparée. Elle peut traiter d'un problème qui intéresse vivement l'orateur. Mais pour obtenir un franc succès, un autre facteur doit intervenir. Il faut que le conférencier fasse sentir à ses auditeurs que ce qu'il dit est important pour eux. Il ne lui suffit pas d'être enthousiaste, il doit communiquer son enthousiasme. Tous les orateurs qui ont marqué dans l'histoire avaient ce don de vendre, de prêcher, appelez-le comme vous voudrez. Un bon orateur désire intensément que ses auditeurs partagent ses sentiments, soient convaincus par ses opinions, fassent ce qu'il pense être bon pour eux, revivent avec lui ses propres expériences. Son unique souci, c'est le public et non lui-même. La réussite ou l'échec de sa causerie, ce n'est pas ce que lui en pense, mais ce que l'auditoire a ressenti dans son cœur et dans son intelligence.

J'ai formé des membres de l'*American Institute of Banking* de New York pour qu'ils interviennent dans une campagne sur l'épargne. L'un d'eux, en particulier, n'arrivait pas à convaincre son public. Il fallait d'abord que cet homme arrive à se passionner pour son sujet. Je lui demandai de réfléchir à tous les aspects du problème jusqu'à ce qu'il soit enthousiaste, puis de se souvenir des statistiques faites à New York, selon lesquelles 85 pour 100 des gens ne laissent rien après leur mort et seulement 3,3 pour 100 laissent 10 000 dollars ou plus. Il devait avoir constamment à l'esprit qu'il ne s'agissait pas de demander une faveur ou quelque chose d'impossible à réaliser ; il devait se dire : « J'offre à mes interlocuteurs du pain, des vêtements, le confort pour leurs vieux jours et la sécurité pour leur femme et leurs enfants. » Il devait se persuader que c'était là une grande mission sociale, qu'il partait en croisade.

Il réfléchit à ce que je venais de lui dire. Il s'enflamma pour cette cause, s'enthousiasma et sentit qu'il avait une mission à accomplir. Quand il prit la parole, il avait un accent convaincant. Il mit en valeur tous les avantages de l'épargne pour ses auditeurs, et il réussit à les convaincre, car il était vraiment animé du désir de les aider. Il faisait plus qu'exposer des faits, il était devenu un missionnaire, l'apôtre d'une noble cause.

Il fut un temps où je m'appuyais beaucoup sur les règles d'éloquence des manuels classiques. Ce faisant je reprenais à mon compte une mauvaise habitude que m'avaient inculquée des professeurs trop attachés à une forme d'éloquence guindée.

Je n'oublierai jamais la première leçon que j'ai prise. On m'avait recommandé de laisser pendre nonchalamment mon bras sur le côté, la paume de la main tournée vers l'intérieur, les doigts à demi fermés, le pouce sur la jambe. Je devais m'exercer à lever le bras d'un geste élégant, à tourner le poignet, puis à déplier le majeur, l'annulaire et le petit doigt. Au terme de ces effets esthétiques, le bras devait refaire la courbe gracieuse et se reposer sur la jambe. Tout cela était prétentieux et stupide.

Mon professeur ne cherchait pas à me faire exprimer ma personnalité ni à me faire parler comme un être humain normal qui dialogue d'une manière vivante avec son auditoire.

Quelle différence entre cette mécanique et les trois règles principales exposées dans ce chapitre ! Elles forment la base de mon système. Vous les trouverez tout au long de ce livre. Dans les trois chapitres suivants chacune sera expliquée en détail.

RÉSUMÉ DE LA PREMIÈRE PARTIE

PRINCIPES DE BASE DE LA PAROLE EN PUBLIC

I. COMMENT ACQUÉRIR LES TECHNIQUES DE BASE.

1. Prenez courage en vous inspirant de l'expérience des des autres.
2. Ne perdez pas de vue votre objectif.
3. Soyez d'avance certain de votre succès.
4. Saisissez toutes les occasions de pratiquer.

II. COMMENT DÉVELOPPER LA CONFIANCE EN SOI.

1. Cherchez les raisons de votre peur de parler en public.
2. Préparez-vous convenablement :
   N'essayez jamais d'apprendre votre texte par cœur.
   Assemblez et classez vos idées à l'avance.
   Parlez de votre sujet avec vos amis.
3. Soyez d'avance certain de votre succès.
   Pénétrez-vous de votre sujet.
   Faites de l'autosuggestion.
4. Agissez avec confiance.

III. UN MOYEN RAPIDE ET FACILE POUR BIEN PARLER EN PUBLIC.

1. Traitez un sujet que vous connaissez par expérience ou par étude :
   Dites ce que la vie vous a appris.
   Cherchez des sujets dans votre passé.
2. Traitez un sujet qui vous tienne à cœur.
3. Ayez le désir de communiquer avec vos auditeurs.

DEUXIÈME PARTIE

DISCOURS, ORATEUR, AUDITOIRE

Dans cette partie nous envisagerons les trois aspects de la situation oratoire.

1° Le discours : *Nous apprendrons à tisser la chaîne et la trame de notre exposé avec les fils de notre expérience.*

2° L'orateur : *Nous verrons comment utiliser le cerveau, le corps et la voix pour donner de la vie à nos propos.*

3° L'auditoire : *C'est l'objectif principal et l'arbitre souverain du succès ou de l'échec de notre entreprise.*

CHAPITRE IV

COMMENT MÉRITER DE PRENDRE LA PAROLE

Il y a fort longtemps un docteur en philosophie et un garçon très fruste qui avait passé sa jeunesse dans la marine britannique se sont inscrits en même temps à un de nos cours de New York. Le premier était professeur à l'université. L'autre était camelot dans une petite rue populaire. Les causeries de ce dernier étaient beaucoup plus appréciées que celles du professeur. Pourquoi ? L'universitaire parlait un anglais recherché. Il était courtois, raffiné, cultivé. Ses exposés étaient toujours clairs et logiques mais, chose essentielle, il leur manquait une forme concrète. On y trouvait des idées générales mais pas un seul exemple. Ce n'étaient qu'une suite d'idées abstraites reliées entre elles par un mince fil conducteur.

Le camelot avait un style concret, pittoresque, imagé. Il parlait la langue de tous les jours. Il citait un fait, puis l'illustrait par ce qui lui était arrivé personnellement. Il décrivait les gens avec lesquels il travaillait et parlait de ses difficultés à suivre les règlements. La verdeur, la vivacité de ses expressions était divertissante.

Je cite cet exemple, non parce qu'il caractérise la manière du professeur ou du camelot, mais parce qu'il démontre qu'une causerie colorée, pleine de détails, a le pouvoir de capter l'attention.

Voici quatre moyens de capter l'attention. Si vous les appliquez, vous êtes sûrs de réussir :

Premièrement : Limitez votre sujet.

Une fois votre sujet choisi, la première chose est de définir ses limites, et de ne pas en sortir. Ne commettez pas l'erreur de vouloir l'épuiser. Un jeune homme essaya de nous raconter en deux minutes l'histoire d'Athènes, de cinq cents ans avant Jésus-Christ jusqu'à nos jours. Quelle présomption ! Il en était à peine à sa fondation qu'il dut se rasseoir. Encore un qui a succombé au désir de vouloir trop en dire dans une seule causerie. C'était là un cas extrême, mais j'ai entendu des milliers de causeries, plus limitées certes dans leur étendue, mais qui ne retenaient pas mieux l'attention et ceci pour la même raison : elles passaient trop d'éléments en revue. L'esprit ne peut suivre longtemps une énumération monotone. Si votre causerie ressemble à la lecture de l'annuaire, vos auditeurs se lasseront vite. Prenez un sujet simple, par exemple une visite au parc de Yellowstone. De crainte d'omettre un détail, la plupart des gens décriront tous les coins du parc. Le public est entraîné dans un tourbillon à une vitesse vertigineuse. Finalement, tout ce qu'il a retenu, c'est un mélange de cascades, de montagnes et de geysers. Quel récit plus frappant, si l'orateur s'était limité à une curiosité du parc, l'étrangeté des sources chaudes, par exemple. Alors il aurait pu développer tel détail pittoresque qui aurait permis de recréer le parc de Yellowstone avec ses vives couleurs et sa diversité.

Cela est vrai pour n'importe quel sujet, que ce soit la vente, la confection des gâteaux, l'exonération d'impôts ou les missiles balistiques. Vous devez choisir et limiter votre sujet pour qu'il cadre avec le temps dont vous disposez.

Dans une causerie courte, de moins de cinq minutes, tout ce que vous pouvez prétendre, c'est d'envisager un ou deux aspects du problème. Dans une conférence plus longue, d'une demi-heure, tenez-vous-en à quatre ou cinq idées.

Deuxièmement : Accumulez une réserve de puissance.

Il est plus facile d'effleurer une question que de la développer en profondeur. Mais lorsque vous allez à la facilité vous faites peu ou pas d'impression sur votre auditoire. Après avoir délimité votre sujet, posez-vous des questions qui vous permettront d'en approfondir la connaissance et de parler avec autorité : Pourquoi crois-je cela ? Quel exemple vécu puis-je donner ? Qu'est-ce que j'essaie de prouver ? Comment est-ce arrivé exactement ?

Ces questions appelleront des réponses qui vous procureront une réserve de puissance. On disait que Luther Burbank, le célèbre botaniste, avait inventorié près d'un million de plantes pour en trouver deux ou trois d'une espèce rare. Il en est de même pour un discours. Trouvez une centaine d'idées pour votre sujet, puis rejetez-en quatre-vingt-dix.

« J'essaie d'avoir toujours dix fois plus de matière qu'il n'est nécessaire, quelquefois cent fois plus », disait John Gunther, il n'y a pas longtemps, en parlant de sa façon de préparer un livre ou une conférence.

En 1956, il travaillait à une série d'articles sur les hôpitaux psychiatriques. Il en visita un certain nombre, parla aux directeurs, aux médecins et aux malades. Un de mes amis qui l'aidait un peu dans ses recherches m'a raconté qu'ils avaient parcouru des kilomètres de couloirs et d'escaliers, jour après jour. M. Gunther prenait des notes. De retour à son bureau il entassait des rapports sur des hôpitaux et des cliniques privées avec des piles de statistiques.

« En fin de compte, me dit mon ami, il n'écrivit que quatre courts articles, assez simples et anecdotiques. Le papier sur lequel on les avait tapés ne pesait que quelques grammes, alors que les carnets de notes qu'il avait remplis pesaient presque dix kilos. »

M. Gunther travaillait comme un chercheur d'or qui brasse des tonnes de terre pour n'extraire qu'une poignée du précieux minerai.

Un chirurgien de mes amis m'a dit : « Je peux vous apprendre en dix minutes à opérer une appendicite ; mais il me faudrait quatre années pour vous enseigner ce qu'il faudrait faire si quelque chose allait mal. » Il en est de même de l'art de parler en public. Soyez toujours prêt à parer à toute éventualité, telle une remarque de l'orateur précédent ou une question pertinente posée dans l'auditoire au cours de la discussion qui suit votre intervention.

Vous pouvez acquérir cette réserve de puissance en choisissant votre sujet le plus tôt possible. N'en remettez pas le choix à la veille même du jour où vous aurez à le traiter. Si vous vous décidez assez tôt vous aurez l'inappréciable avantage de faire travailler votre subconscient. Dans vos moments de loisirs vous pourrez y penser, trier vos idées. Le temps perdu, quand vous rentrez chez vous, quand vous attendez l'autobus ou le métro, peut être utilisé à en retourner les aspects, dans votre esprit. C'est alors qu'il vous apparaîtra sous un nouveau jour, simplement parce qu'en le retournant sans cesse et suffisamment à l'avance, votre subconscient aura travaillé à le mettre au point.

Norman Thomas, un orateur qui a su forcer l'attention d'auditoires parfois hostiles à ses idées politiques, m'a dit : « Si le thème d'un discours est important, l'orateur doit y penser sans cesse. Il sera surpris du nombre de moyens de l'illustrer ou de le développer qu'il découvrira en marchant dans la rue, en lisant le journal, au moment de se coucher ou de se lever. Les discours médiocres sont souvent le résultat d'un manque de réflexion de l'orateur ou la conséquence de sa connaissance imparfaite du sujet. »

Tout en procédant ainsi, vous serez fortement tenté d'écrire votre conférence entièrement. Essayez de ne pas le faire, car une fois le plan établi, vous pourriez le trouver suffisant et cesser de chercher de nouvelles idées. De plus, vous courrez le risque de l'apprendre par cœur. A ce propos, Marc Twain a dit : « Les choses écrites font de mauvaises causeries. Leur forme est trop littéraire. Elles sont rigides et mal adaptées. Si le but est simplement de distraire et non d'instruire, elles devront avoir un style simple, familier et paraître improvisées. »

Charles F. Kettering, dont le génie inventif a tant apporté à la General Motors, fut un des orateurs les plus célèbres d'Amérique. Comme on lui demandait s'il écrivait ses conférences, il répondit : « Ce que j'ai à dire est, je crois, trop important pour être écrit. Je préfère m'adresser de tout mon être à l'intelligence et au cœur de mes auditeurs. Il n'y a pas de place pour une feuille de papier entre moi et ceux que je veux convaincre. »

Troisièmement : Emaillez votre causerie d'illustrations et d'exemples.

Dans son livre *Art of Readable Writing,* Rudolf Flesch commence un chapitre par cette phrase : « Seules les histoires sont vraiment lisibles », puis il démontre que le *Time* et le *Reader's Digest* s'en tiennent à cet axiome. Presque tous leurs articles sont écrits dans un style narratif et abondamment illustrés d'anecdotes. On ne peut nier l'attrait puissant du récit sur le public, tant dans une conférence que dans un article.

Norman Vincent Peale, dont les sermons, à la radio ou à la télévision, sont écoutés par des millions d'auditeurs, dit qu'il préfère l'image et l'exemple à tout autre procédé. Il déclara dans une interview : « L'exemple bien choisi est le meilleur moyen de rendre une idée claire, intéressante et convaincante. En général, j'utilise plusieurs exemples pour renforcer chaque point important de mes sermons. »

Mes lecteurs connaissent, depuis longtemps, mon habitude d'utiliser des anecdotes pour faire comprendre mes idées importantes. Les règles de *Comment se faire des amis* peuvent tenir dans une page et demie, et les deux cent trente pages du livre contiennent des exemples illustrant l'application des règles.

Comment acquérir cette technique si importante : l'utilisation d'exemples et d'illustration ? Il y a cinq moyens : humaniser, personnaliser, être précis, dramatiser, décrire.

Humanisez votre exposé

J'ai demandé un jour à un groupe d'hommes d'affaires américains à Paris, de parler sur le thème : « Comment réussir. » La plupart ont donné une liste de qualités abstraites, et fait un sermon sur la valeur du travail, de la ténacité et de l'ambition.

Je les arrêtai et leur dis à peu près ceci : « Nous ne voulons pas qu'on nous fasse de la morale. Personne n'aime ça. Rappelez-vous, vous devez distraire, ou on ne vous écoutera pas. N'oubliez pas que tout le monde s'intéresse aux histoires judicieusement racontées. Parlez-nous de deux hommes que vous avez connus. Dites-nous pourquoi l'un a réussi et l'autre a échoué. Nous vous écouterons avec plaisir, nous n'oublierons pas votre histoire et il se peut que nous en tirions profit. »

Un des participants avait la plus grande difficulté à s'intéresser à son sujet et à le rendre intéressant pour l'auditoire. Ce soir-là cependant, il comprit tout l'intérêt d'un exemple humain. Il nous parla de deux camarades d'université. L'un était si avare qu'il avait acheté des chemises dans plusieurs magasins de la ville et avait établi un graphique pour savoir, compte tenu du lavage et de l'usure, quelles étaient les plus avantageuses par dollar investi ! Il ne s'intéressait qu'à l'argent. Cependant, lorsqu'il eut son diplôme d'ingénieur, il avait une si haute opinion de lui qu'il refusa de commencer sa carrière au bas de l'échelle comme le font les jeunes en général. Trois ans plus tard, il établissait toujours ses graphiques sur l'usure des chemises, dans l'attente d'un emploi extraordinaire. Il ne se présenta jamais. Un quart de siècle a passé, et cet homme, mécontent, aigri, a toujours une situation médiocre.

Puis, l'orateur nous raconta l'histoire d'un autre de ses camarades dont le succès dépassa toute attente. C'était un garçon sympathique, aimé de tout le monde. Bien qu'il eût de l'ambition, il débuta comme dessinateur, tout en cherchant toujours une meilleure situation. La foire internationale de New York se préparait alors. Il savait que l'on aurait besoin d'ingénieurs, et il donna sa démission à Philadelphie et vint à New York. Là, il créa une société qui lui permit d'obtenir divers travaux par adjudication, entre autres avec la compagnie du téléphone qui finalement l'engagea à son service exclusif et lui octroya un haut salaire.

Je n'ai retenu ici que les principaux faits de ce que nous exposa l'orateur. Il rendit son récit vivant par des détails amusants ou émouvants. Il parla avec facilité, et lui qui se trouvait généralement à court d'idées après trois minutes, fut surpris d'apprendre qu'il avait parlé dix minutes. Sa causerie était si intéressante qu'elle avait semblé courte. Ce fut son premier vrai succès.

Chacun peut profiter de cet exemple. Une causerie plaira d'autant plus qu'elle expose davantage de sentiments humains. L'orateur aura soin de s'en tenir à quelques idées et de les illustrer par des exemples concrets. Une causerie, construite d'après cette technique, ne peut manquer de retenir l'attention.

Naturellement, la meilleure source d'intérêt humain que vous ayez est votre propre passé. N'hésitez pas à parler de vos expériences, même si vous pensez qu'il n'est pas bon de parler de soi. Le seul cas qui déplaît au public est l'orateur qui se met en avant de façon choquante ; autrement, le public est toujours avide de connaître les expériences personnelles de l'orateur. Elles constituent le moyen le meilleur de retenir l'attention, ne les négligez pas.

Personnalisez votre exposé en utilisant des noms propres

Quand, dans une histoire, vous mettez en cause des tiers, nommez-les ou, si vous désirez préserver leur identité, donnez-leur des noms fictifs. Même des noms très communs comme « M. Smith » ou « Joe Brown », sont plus évocateurs que « cet homme » ou « une personne ». Le nom personnalise. Rudolf Flesch l'a fait remarquer : « Rien ne donne plus de réalisme à un récit que des noms propres. Rien n'est plus abstrait que l'anonymat ; imagine-t-on une histoire dont le héros n'aurait pas de nom ? »

Si votre causerie est remplie de noms et de pronoms personnels, vous obtiendrez de votre public l'attention la plus soutenue car vous y aurez introduit un élément inestimable : *l'intérêt humain.*

Soyez précis : mettez de nombreux détails dans votre exposé

Vous pouvez me dire ici : « Tout cela est bien beau, mais comment puis-je savoir si je mets assez de détails dans ma causerie ? C'est très simple. Utilisez la règle de tout bon reportage, répondez aux questions suivantes : Quand ? Où ? Qui ? Quoi ? Pourquoi ? De la sorte vos exemples seront colorés et vivants. Permettez-moi d'illustrer cela à l'aide d'une anecdote que j'ai fait paraître dans le *Reader's Digest* : « Quand j'eus quitté le collège, je voyageai pendant deux ans dans le Sud Dakota comme représentant de la Société Armour & Cie. Je prenais des trains de marchandises. Un jour, j'attendis deux heures à Redfield un train allant vers le sud. Redfield n'étant pas dans mon secteur, je ne pouvais visiter des clients. Comme je comptais me rendre à New York l'année suivante pour m'inscrire à l'Académie d'arts dramatiques, je décidai de profiter du temps libre pour déclamer. Je me rendis derrière la gare, dans un endroit retiré où je commençai à répéter une scène de *Macbeth.* Levant les bras au ciel, je m'écriai sur un ton dramatique : « Est-ce un poignard que je vois « devant moi, le manche tourné vers ma main ? Viens que je « te prenne ! Je ne peux te toucher. Cependant je te vois « encore ! »

« J'étais toujours dans ma grande scène lorsque quatre policemen se jetèrent sur moi et me demandèrent pourquoi j'effrayais les femmes. Je n'aurais pas été plus stupéfait s'ils m'avaient accusé d'avoir dérobé un train. Ils m'apprirent qu'une femme m'avait observé, derrière ses rideaux de cuisine, à quelque cent mètres de là. Elle n'avait jamais vu un individu en proie à pareille agitation ; aussi avait-elle prévenu la police. En s'approchant, ils avaient eux-mêmes entendu mon histoire de poignards !

« Je leur expliquai que je déclamais Shakespeare, mais je dus leur présenter mon carnet de commandes de chez Armour, pour qu'ils me laissent partir. »

Notez comme ce récit illustre la formule des cinq questions énoncées ci-dessus.

Naturellement, trop de détails ne valent pas mieux que pas du tout. Nous avons tous été soûlés par d'interminables histoires aux détails superflus et hors de propos. Vous remarquerez que dans cette aventure de ma quasi-arrestation dans une ville du Sud Dakota se trouve une réponse brève et concise aux cinq questions clefs. Si vous accumulez trop de détails, votre auditoire se fatiguera et il n'y a pas de plus sévère censeur que son inattention.

Dramatisez votre exposé en utilisant un dialogue

Supposons que vous vouliez raconter comment vous avez calmé un client irascible grâce à une des règles de relations humaines. Vous pourriez commencer ainsi :

« L'autre jour, un homme est entré dans mon bureau. Il était furieux parce que l'appareil que nous lui avions livré la semaine précédente ne fonctionnait pas bien. Je lui dis que nous allions faire de notre mieux pour remédier à cette situation. Il se calma bientôt et parut heureux de constater notre bonne volonté. » Ce récit a une qualité : il est assez précis, mais il manque de noms, de détails et surtout d'un véritable dialogue qui lui donnerait de la vie. Le voici tel qu'il doit être :

« Mardi dernier, la porte de mon bureau s'ouvrit avec fracas et levant les yeux je vis le visage furieux de Charles Blexam, un très bon client. Je n'eus même pas le temps de le prier de s'asseoir : « Ed, cette fois c'en est trop, s'écrie-t-il,

« vous pouvez envoyer tout de suite un camion pour débar-
« rasser mon sous-sol de cette machine à laver. »

« Je lui demandai ce qu'il y avait. Il était trop heureux de le dire.

« Elle ne marche pas, le linge s'entortille, et ma femme « en a assez. »

« Je le priai de s'asseoir et de me donner des détails.

« — Je n'ai pas le temps de m'asseoir, je suis déjà en retard « à mon travail et j'aurais mieux fait de n'avoir jamais « acheté chez vous. Croyez-moi, je ne recommencerai pas. » Il ponctua ses paroles d'un énergique coup de poing, renversant ainsi la photographie de ma femme, qui se trouvait sur le bureau.

« Voyons, Charlie, lui dis-je, si vous vouliez seulement vous « asseoir et me raconter vos ennuis, je vous promets de faire « ce que vous voudrez. » A ces mots, il s'assit et le différend se régla dans le calme. »

Il n'est pas toujours possible de faire entrer un dialogue dans un récit, mais vous voyez combien le style direct de la conversation aide l'auditeur à se représenter la scène. Si l'orateur possède un don d'imitation, il peut encore renforcer son effet en changeant de ton. Le dialogue donne aussi à votre causerie le ton de la conversation quotidienne. Il vous fait ressembler à une personne normale qui bavarde pendant le dîner, et non à un pédant qui discourt dans une société savante, ou à l'orateur qui déclame devant un microphone.

Faites « voir » ce que vous racontez

Les psychologues disent que 85 pour 100 de nos connaissances sont dues à nos impressions visuelles. Cela explique, sans doute, l'énorme succès de la télévision, tant comme moyen de publicité que comme divertissement. Parler en public tient autant du visuel que de l'auditif.

Un bon moyen d'enrichir une causerie de détails est de s'aider de gestes. Vous pourriez passer des heures à m'expliquer comment se servir d'un club de golf, et cela m'ennuierait probablement, mais si vous vous levez et si vous me montrez comment vous lancez la balle dans le trou, je serai très intéressé. De même, si vous imitez le vol d'un avion en difficulté avec vos bras et vos épaules, je me rendrai mieux compte que vous avez frôlé la mort.

Je me souviens d'une causerie donnée dans un cours, où il y avait des industriels ; c'était un véritable chef-d'œuvre grâce aux détails visuels. Le participant se moquait gentiment des inspecteurs et des experts. Sa mimique pour imiter les gestes et les attitudes un peu ridicules de ces importants personnages examinant une machine en panne était plus drôle que tout ce que j'ai vu à la télévision. Qui plus est, grâce aux détails visuels on ne pouvait pas oublier cette causerie. Pour ma part, je ne l'oublierai jamais et je suis sûr que les autres participants de ce cours en parlent encore.

Il est bon de vous demander : « Comment puis-je mettre des détails visuels dans ma causerie ? » Puis essayez de faire les gestes qui accompagnent vos paroles. Comme disaient les anciens Chinois, une image vaut mille mots.

Quatrièmement : Employez des mots concrets, usuels faisant image.

Pour capter et soutenir l'attention, ce qui est le but de tout orateur, il existe une technique de la plus haute importance. Cependant, tout le monde l'ignore. Les orateurs ne semblent pas connaître son existence. Ils n'ont probablement jamais pensé à employer des mots qui font image. Il est facile d'écouter quelqu'un qui évoque des images. Alors que celui qui utilise des lieux communs, des platitudes, des abstractions fumeuses endort son public.

Des images, dcs images, des images. Elles sont là gratuitement à votre disposition. Emaillez-en vos causeries, votre conversation, vous serez plus vivant et plus écouté.

Herbert Spencer, dans son fameux essai sur la « Philosophie du Style », a démontré, il y a bien longtemps, la valeur du terme imagé :

« Nous ne pensons pas généralités, mais faits précis... Evitons des phrases telles que celle-ci :

« Dans la mesure où les mœurs, les coutumes et les distractions d'une nation sont cruelles et barbares, les lois de leur code pénal seront sévères ! »

« Au lieu de cela, nous écrirons :

« Dans la mesure où les hommes aiment les batailles, les courses de taureaux et les luttes de gladiateurs, ils châtieront par le bûcher, le gibet et le chevalet. »

Les images pullulent dans la Bible et les œuvres de Shakespeare, comme les abeilles dans un pressoir. Un écrivain sans génie aurait écrit : « Il est vain d'essayer d'améliorer ce qui est parfait ». Shakespeare, lui, a dit dans une phrase célèbre : « Dorer l'or fin, peindre le lys, parfumer la violette. »

Avez-vous remarqué que les proverbes qui se transmettent de génération en génération sont presque tous à base d'images ? « Pierre qui roule n'amasse pas mousse. » « Il n'y a pas de roses sans épines. » « Toute médaille a son revers. » Il y a la même touche imagée dans ces expressions dont le monde use depuis des siècles : « rusé comme un renard », « dur comme un roc », « plat comme une limande ».

Lincoln parlait toujours en termes imagés. Un jour qu'il était las des longs rapports administratifs qui s'entassaient sur son bureau de la Maison Blanche, il se plaignit et dit une phrase qu'on ne peut oublier : « Quand j'envoie quelqu'un acheter un cheval, je ne veux pas qu'on me dise combien de crins il a dans la queue, je veux seulement connaître ses particularités. »

Habituez-vous à observer des détails précis. Peignez des tableaux verbaux qui se détacheront comme les bois d'un cerf se profilant au soleil couchant. Par exemple, le mot « chien » demande à être précisé, s'agit-il d'un cocker, d'un fox-terrier, d'un saint-bernard ou d'un berger allemand. Notez comme l'image qui jaillit dans votre esprit est plus nette si l'on parle d'un bouledogue. Si l'on ajoute « un bouledogue tacheté », l'image est encore plus explicite. De même, si on vous parle d' « un coq Bantam noir avec une patte cassée », c'est mieux que si on avait parlé de « volaille ». « Un poney noir de Shetland » évoque un animal plus précis qu' « un cheval ».

Dans son livre *The Elements of Style*, William Strunk Jr. déclare : « Ceux qui ont étudié l'art d'écrire sont d'accord sur un point : la meilleure manière de retenir l'attention du lecteur est d'être précis et concret. Les plus grands écrivains, Homère, Dante, Shakespeare, doivent leur succès pour une part à ce qu'ils s'attachent aux détails importants. Leurs mots font image. » C'est aussi vrai de la parole que de l'écrit.

Il y a des années, j'ai consacré un de mes cours de parole en public à expérimenter l'utilisation de faits concrets. Une règle voulait que dans toutes les phrases, le participant devait insérer un fait précis, ou un nom propre, ou un chiffre ou une date. Les résultats furent sensationnels. Les participants s'amusèrent à relever toutes les généralités et bientôt ils ne s'exprimèrent plus dans un langage nébuleux qui passe au-dessus de la tête de l'auditoire, mais dans le style de l'homme de la rue.

« Le style abstrait, a dit Alain, le philosophe français, est toujours mauvais. Vos phrases doivent être pleines de pierres, de métaux, de chaises, de tables, d'animaux, d'hommes et de femmes. »

Ceci est aussi vrai pour la conversation de tous les jours. Tout ce qui a été dit dans ce chapitre sur l'importance des détails dans les causeries s'applique à la conversation générale. C'est le fait précis qui donne de l'éclat à nos propos. Celui qui souhaite devenir brillant causeur peut profiter des conseils de ce chapitre. Les vendeurs aussi découvriront tout l'intérêt d'être précis en présentant leur produit. Les chefs d'entreprise, les maîtresses de maison ou les professeurs qui donnent des ordres ou des explications seront mieux compris s'ils donnent des détails précis et concrets.

CHAPITRE V

ANIMEZ VOTRE EXPOSÉ

JE ME SUIS TROUVÉ A LONDRES, APRÈS LA PREMIÈRE GUERRE mondiale, avec Lowell Thomas qui donnait une série de conférences très intéressantes sur Allenby et Lawrence d'Arabie dans des salles combles. Un dimanche, je me promenai dans Hyde Park et je m'arrêtai près de Marble Arch, là où tout orateur, de quelque conviction politique ou religieuse que ce soit, a le droit d'exposer ses idées. J'écoutai un catholique expliquer l'infaillibilité du pape, je me mêlai à un autre groupe pour entendre un socialiste dire ce qu'il pensait de Karl Marx, j'entendis un troisième orateur déclarer pourquoi il était juste et normal qu'un homme ait quatre femmes ! Enfin, je m'éloignai et j'examinai les trois groupes.

Le croiriez-vous ? L'homme qui défendait la polygamie était le moins entouré, à peine quatre ou cinq personnes, alors que le nombre des auditeurs des deux autres augmentait de minute en minute. Je me demandai pourquoi. Etait-ce la différence des sujets ? Je ne crois pas. Cela, comme je m'en rendis compte en les observant, était dû aux orateurs. Celui qui discourait sur les avantages d'avoir quatre femmes ne semblait pas lui-même le désirer. Mais les deux autres orateurs, dont les positions étaient diamétralement opposées, étaient pénétrés de leur sujet, ils parlaient avec enthousiasme, des gestes véhéments ponctuaient leurs paroles, leurs voix étaient convaincantes, ils rayonnaient de sincérité.

Animation, vivacité, enthousiasme, voilà les qualités indispensables de l'orateur. Les gens s'attroupent autour de l'orateur convaincu comme les oies sauvages dans un champ de blé en automne.

Comment acquérir cette facilité d'élocution qui tient en haleine l'auditoire ? Dans ce chapitre, je vous donnerai trois moyens pour parler avec enthousiasme.

Premièrement : Choisissez des sujets dont vous soyez pénétré.

Nous avons insisté dans le troisième chapitre sur l'importance de ressentir profondément son sujet. Si vous ne croyez pas ce que vous dites, vous ne pouvez pas espérer faire passer votre message. Il est bien évident, que si vous choisissez un sujet qui vous enthousiasme, parce que vous le connaissez bien, comme votre violon d'Ingres, ou parce que vous l'avez médité, ou encore parce qu'il vous touche de près (par exemple, la nécessité d'avoir de meilleures écoles dans votre ville), vous n'aurez aucune difficulté à parler avec animation. La puissance de conviction de la sincérité n'a jamais été aussi évidente que dans cette causerie faite dans un de mes cours de New York, il y a plus de vingt ans. J'ai entendu beaucoup de causeries pour convaincre mais celle-ci, que je nomme « le cas du paturin des prés », reste pour moi le triomphe de la conviction sur le bon sens.

Un bon vendeur de l'un des magasins de la ville nous fit un jour une déclaration incroyable. Il prétendait avoir obtenu du paturin des prés sans partir de graines ni de racines. A l'entendre, il lui avait suffi de répandre de la cendre de bois de noyer sur un terrain fraîchement labouré pour que le paturin apparût aussitôt. Il croyait fermement que les seules cendres de noyer avaient opéré ce prodige. Dans mon commentaire, je lui fis gentiment remarquer que si sa découverte se révélait exacte, elle ferait de lui un millionnaire, car le boisseau de graines de paturin valait plusieurs dollars. J'ajoutai qu'elle le rendrait célèbre parmi les hommes de science, car aucun, mort ou vivant, n'avait encore réalisé pareil miracle, à savoir de faire surgir la vie de la matière inerte.

Je le lui dis avec beaucoup de calme, car son erreur me semblait si évidente et si absurde qu'elle ne méritait pas d'être réfutée sérieusement. Quand j'eus terminé, tous les participants étaient convaincus de la folie de sa déclaration. Mais lui n'en démordait pas. Il se leva brusquement et m'affirma d'un ton catégorique qu'il ne se trompait pas. Il n'avait pas relaté une théorie abstraite, mais le résultat de son expérience personnelle. Il savait de quoi il parlait. Il reprit ses explications, s'étendit sur ses premières remarques, ajouta des détails et des preuves supplémentaires et cela d'une voix vibrante de sincérité.

Je lui dis une fois encore qu'il n'y avait pas de possibilité qu'il pût avoir raison même de loin. Il bondit à nouveau et m'offrit de parier cinq dollars avec lui et de faire trancher notre différend par le ministère de l'Agriculture.

Et savez-vous ce qui arriva ? Plusieurs participants se rangèrent de son côté. D'autres commençaient à douter. Si j'avais fait voter, je suis sûr que plus de la moitié des hommes d'affaires présents ne m'auraient pas donné raison. Je leur demandai ce qui les avait fait changer d'avis. L'un après l'autre, ils m'affirmèrent que la sincérité manifeste de l'orateur, sa croyance évidente et profonde avaient fait douter du bon sens lui-même.

Devant cette manifestation de crédulité collective, j'écrivis au ministère de l'Agriculture, avec mes excuses pour une question aussi absurde. Il me fut répondu qu'on ne pouvait, bien sûr, obtenir du paturin, ou n'importe qu'elle plante, en semant seulement de la cendre de noyer. Une autre lettre, ajoutait-on, avait été écrite de New York et posait la même question. L'orateur était si sûr de son fait que lui aussi avait écrit !

Cet incident m'a donné une leçon que je n'oublierai jamais. Si quelqu'un a une conviction sincère et qu'il en parle avec sérieux, il aura des partisans même s'il prétend qu'il peut obtenir du paturin des prés à partir de cendres. Combien plus irrésistibles seront donc nos convictions si elles sont fondées sur le bon sens et la vérité.

Presque tous les orateurs se demandent si le sujet qu'ils ont choisi intéressera les autres. Il n'y a qu'un moyen de s'en assurer : enthousiasmez-vous pour ce sujet, et vous n'aurez pas de difficultés à soutenir l'intérêt du public. Il y a peu de temps, un participant de Baltimore nous prévint que si on persistait à attraper les poissons de roches de Chesapeake Bay avec la méthode actuelle, cette race serait éteinte d'ici à quelques années. Il sentait son sujet. Il était important pour lui et le passionnait ; tout son comportement le prouvait. Quand il se leva pour prendre la parole, j'ignorais qu'il existât des poissons de roches dans la baie de Chesapeake. La moitié de l'auditoire partageait probablement mon ignorance et, comme moi, était indifférent à la question. Mais avant la fin de la causerie, nous étions tous prêts à signer une pétition pour protéger ces poissons.

On demanda un jour à Richard Washburn Child, ancien ambassadeur américain en Italie, à quoi il attribuait son succès d'écrivain. Il répondit : « J'aime tellement la vie que je ne puis m'empêcher d'être enthousiaste et de faire partager mon sentiment. » On est toujours séduit par un tel écrivain ou un tel orateur.

Je me souviens d'avoir entendu, à Londres, une conférence en compagnie de E. F. Benson. Quand elle fut terminée, il me dit qu'il avait eu plus de plaisir à entendre la seconde partie que la première, et cela parce que, ajouta-t-il, « le conférencier paraissait plus intéressé par cette partie que par l'autre, et c'est l'orateur qui par son attitude doit susciter l'enthousiasme et l'intérêt ».

Prenons encore un exemple pour démontrer l'importance de bien choisir son sujet :

Quelqu'un, que nous appellerons M. Flynn, était inscrit à un de nos cours de Washington. Un soir, il fit une causerie sur la capitale des Etats-Unis. Il avait hâtivement glané ses idées dans un opuscule paru dans un journal local. Son exposé s'en ressentit : il était sec, décousu, indigeste. Bien qu'il vécût depuis longtemps déjà à Washington, il ne cita pas un fait personnel qui expliquât pourquoi il aimait cette ville. Ce n'était qu'une énumération ennuyeuse, aussi pénible pour l'auditoire que pour lui.

Quinze jours plus tard, se produisit un incident qui le toucha profondément. Sa nouvelle voiture, qui stationnait dans la rue, avait été accidentée par quelqu'un qui ne s'était pas fait connaître. Il n'avait pu faire jouer l'assurance et fut obligé de régler lui-même les dégâts. Il était hors de lui. Sa causerie sur la ville de Washington qu'il avait difficilement sortie phrase par phrase, avait été une épreuve pour lui et l'auditoire, mais quand il parla de sa voiture, il bouillonna comme le Vésuve en éruption. Le même auditoire qui l'avait écouté avec ennui deux semaines plus tôt, l'applaudit alors avec chaleur.

Comme je l'ai répété souvent, vous ne pouvez manquer de réussir si vous choisissez ce qui est pour vous le bon sujet. Un sujet à toute épreuve : parlez de vos convictions ! Vous avez certainement vos opinions sur la vie. Pas besoin d'aller chercher très loin. Ces sujets sont en vous, ils affleurent souvent, ils sont là.

Il y a quelque temps une émisison sur la peine capitale fut donnée à la télévision. On demanda à plusieurs témoins de développer le pour et le contre. L'un d'eux était un policier de Los Angeles qui évidemment avait beaucoup réfléchi à la question. Il avait des idées arrêtées, car onze de ses camarades avaient été tués en luttant contre des criminels. Il parlait avec la profonde sincérité de celui qui croit à la justesse de sa cause. Les plus beaux mouvements d'éloquence viennent toujours des convictions profondes de l'orateur. La sincérité repose sur la conviction et celle-ci est autant une question de foi que de logique : « Le cœur a ses raisons, que la raison ne connaît point. » J'ai souvent vérifié cette phrase percutante de Pascal. Je me souviens d'un avocat de Boston au physique avantageux et à l'élocution facile, mais dont on disait seulement quand il avait fini de parler : « C'est un garçon intelligent. » Il laissait une impression superficielle parce que jamais le moindre sentiment ne perçait sous la brillante façade de ses mots. Dans le même cours, il y avait un agent d'assurances, petit, insignifiant et mal vêtu, qui semblait toujours chercher ses mots, mais quand il parlait, tous ses auditeurs sentaient qu'il pensait chaque parole.

Il y a presque cent ans qu'Abraham Lincoln a été assassiné dans la loge présidentielle du Ford's Theatre de Washington, mais sa profonde sincérité dans sa vie et dans ses paroles est restée légendaire. Bien des hommes de son temps le surpassèrent par leurs connaissances du droit. Il manquait de grâce, d'élégance et de raffinement. Mais la franchise de ses déclarations à Gettysburg, à la Cooper Union et sur les marches du Capitole de Washington, n'ont jamais été dépassées.

Vous pourriez dire, comme me l'a déclaré un participant, que rien ne vous intéresse spécialement. Pareille déclaration me surprend toujours. Je demandai à cet homme de trouver quelque chose. « Quoi par exemple ? » me demanda-t-il. Au hasard, je suggérai : « Les pigeons. — Les pigeons ? dit-il d'un ton ahuri. — Oui, répondis-je, les pigeons ! Sortez, allez dans un jardin et observez-les. Donnez-leur à manger. Allez dans une bibliothèque et documentez-vous. Ensuite vous reviendrez en parler. » Quand il revint il n'était plus décontenancé. Il commença à parler des pigeons avec la ferveur d'un colombophile. Au moment où je l'arrêtai, il disait avoir lu quarante livres sur les pigeons. Ce fut une des plus intéressantes causeries que j'ai entendues.

Documentez-vous le plus possible sur ce qui, pour vous, est un bon sujet. Plus vous le connaîtrez, et plus vous serez enthousiaste. Percy H. Whiting, l'auteur des Cinq grandes règles de la vente, encourage les vendeurs à ne jamais cesser de se documenter sur les produits qu'ils vendent. Il ajoute : « Plus vous en saurez sur un bon produit, plus vous serez enthousiastes. » C'est aussi vrai pour les sujets que vous traitez. Plus vous les posséderez, plus vous serez enthousiaste et convaincu à leur propos.

Deuxièmement : Revivez les événements que vous décrivez.

Supposons que vous racontiez comment un agent vous a arrêté pour excès de vitesse. Vous pourriez le faire froidement comme un témoin. Mais comme cela vous est arrivé personnellement, vous avez des idées précises sur la question. Un rapport de témoin ne ferait pas la même impression sur l'auditoire. Vos auditeurs désirent savoir ce que vous avez ressenti exactement quand l'agent vous a dressé contravention. Par conséquent, plus vous revivrez la scène et ferez renaître vos émotions, plus votre récit sera vivant.

C'est pour entendre et voir s'exprimer des sentiments que nous allons au théâtre et au cinéma. Nous craignons tant de laisser percer nos sentiments devant des tiers que nous devons aller au spectacle pour voir des gens exprimer leurs émotions.

Lorsque vous parlez en public, vous suscitez l'intérêt dans la mesure où vous l'éprouvez vous-même. Ne refrénez pas vos sentiments sincères. N'étouffez pas votre enthousiasme. Montrez à vos auditeurs combien vous avez envie de parler de ce sujet, et leur attention vous sera acquise.

Troisièmement : Montrez-vous convaincu.

Quand vous vous avancez devant votre auditoire, partez gagnant, n'ayez pas l'air d'un homme qui monte à l'échafaud. Même si votre allure est feinte. Cela vous aidera et donnera à l'auditoire l'assurance que vous avez quelque chose d'important à dire. Avant de parler, respirez profondément. Ne regardez pas la décoration de la salle et du podium. Tenez-vous droit, la tête haute. Vous allez dire quelque chose qui vaut la peine d'être entendu et tout dans votre attitude doit le faire comprendre nettement. C'est vous le maître ; selon le conseil de William James, faites comme si vous l'étiez. Faites porter votre voix jusqu'au fond de la salle, le son vous rassurera. Dès que vous commencerez à faire des gestes, vous serez stimulé.

Ce fait de « réveiller votre faculté de réagir », comme l'appellent Donald et Eleanor Laird, trouve son application chaque fois qu'il y a effort intellectuel à faire. Dans leur livre *Techniques pour acquérir une bonne mémoire,* les Laird parlent du président Théodore Roosevelt comme d'un « homme qui a traversé la vie avec une énergie, une fougue, un enthousiasme qui sont restés célèbres. Il était passionnément intéressé, ou feignait de l'être, par tout ce qu'il entreprenait ». Teddy Roosevelt était le symbole vivant de la doctrine de Williams James : « Faites comme si vous étiez convaincu et vous deviendrez naturellement convaincu. »

Rappelez-vous toujours ceci : c'est en agissant comme si vous étiez convaincu, que vous finirez par être intimement convaincu.

CHAPITRE VI

ASSOCIEZ VOS AUDITEURS A VOTRE CAUSERIE

La célèbre conférence de Russel Conwell, « Champs de Diamants » a été donnée près de six mille fois. Vous pourriez penser qu'une causerie si souvent répétée était devenue stéréotypée, que le ton ou les mots ne changeaient plus. Ce n'était pas le cas. Le docteur Conwell savait que ses auditoires étaient différents. Il avait compris qu'il devait faire sentir à chaque public que la conférence lui était spécialement destinée. Comment parvenait-il chaque fois à obtenir ce contact entre le conférencier et les auditeurs ? « Je visite toujours la ville où je dois parler avant de le faire, écrit-il, et j'essaie d'arriver assez tôt pour pouvoir rencontrer le facteur, le coiffeur, le directeur de l'hôtel et certains pasteurs. Je vais dans les magasins et parle avec les gens pour connaître leurs problèmes et leurs expériences. Puis je parle dans ma conférence des sujets qui intéressent ce public déterminé. »

Le docteur Conwell savait que pour qu'il y ait communication, l'orateur doit intégrer l'auditoire dans sa conférence. Aussi n'avons-nous aucun texte définitif de « Champs de Diamants », qui est pourtant une des conférences les plus courues qui aient jamais été données. Grâce à sa parfaite connaissance de la nature humaine et à sa méthode de minutieuse préparation, le docteur Conwell ne fit jamais la même conférence bien qu'il se fût adressé près de six mille fois à des auditeurs différents sur le même sujet. Profitez de son exemple. Préparez toujours vos conférences en tenant compte de l'auditoire. Voici quelques règles simples qui vous aideront à établir le contact avec votre public.

Premièrement : Parlez à vos auditeurs de ce qui les intéresse.

C'est exactement ce que faisait le docteur Conwell. Il émaillait sa conférence d'exemples pris sur place. Il intéressait ses auditeurs, parce qu'il leur parlait de leurs problèmes. Pour maintenir le contact avec votre public, vous aussi, devez leur parler de ce qui les intéresse le plus, c'est-à-dire eux-mêmes. Eric Johnston, ancien président de la Chambre de commerce des Etats-Unis, qui préside actuellement une importante firme de cinéma, applique cette technique dans presque toutes ses conférences. Voyez comment il a mis en valeur les préoccupations locales dès le début de son allocution à l'université d'Oklahoma :

« Citoyens d'Oklahoma, vous connaissez les oiseaux de mauvaise augure. Vous n'avez pas à chercher loin pour vous rappeler qu'ils essayèrent de rayer l'Oklahoma de la carte sous prétexte qu'il était sans ressources.

« Aux environs de 1930, tous les défaitistes conseillaient d'éviter l'Oklahoma à moins d'y venir avec son ravitaillement !

« Ils voyaient l'Oklahoma devenir un désert où rien, selon eux, ne pourrait pousser. Mais en 1940, l'Oklahoma était un jardin dont vous pouvez vous enorgueillir. Comme dit le poète : « Le « blé ondoyant embaume quand le vent souffle après la pluie. »

« En peu de temps, le désert s'est mué en champs fertiles.

« Voilà l'œuvre de votre foi et d'un risque calculé...

« Parce que le passé aide à mieux comprendre le présent, j'ai consulté les numéros de 1901 du *Dayly Oklahoman* pour préparer ma conférence. Je cherchais des exemples de la vie dans ce pays, il y a cinquante ans.

« Qu'ai-je découvert ?

« Que tout était orienté vers l'avenir. L'espoir était le mot d'ordre. »

Cet exemple illustre bien la recommandation : « Parlez à votre auditoire de ce qui l'intéresse. » Eric Johnston a parlé des risques calculés qu'avaient pris autrefois les habitants de l'Oklahoma. Il leur a fait sentir que sa conférence était faite spécialement pour eux. Tout auditoire est sensible à l'orateur qui s'intéresse à lui.

Demandez-vous comment vos connaissances aideront vos auditeurs à résoudre leurs difficultés et à atteindre leurs objectifs. Puis montrez-le-leur, et ils vous écouteront religieusement. Si vous êtes comptable et que vous débutiez ainsi : « Je vais vous montrer comment réduire de cinquante à cent dollars votre revenu imposable », ou si vous êtes juriste et expliquez comment faire un testament, vous êtes certain d'intéresser. Il y a sûrement quelque chose dans vos connaissances qui pourra aider quelqu'un.

Comme on lui demandait un jour ce qui intéressait les gens, Lord Northcliffe, le célèbre journaliste anglais, répondit : « Eux-mêmes ! » Il a bâti son empire journalistique sur cet axiome.

Dans son livre *Mind in the Making,* James Harvey Robinson dit que la rêverie est faite de nos pensées spontanées et favorites. Il ajoute que nos idées suivent librement leur cours qui est déterminé par nos espoirs et nos craintes, nos désirs innés, leur accomplissement ou leur anéantissement ; par ce que nous aimons et ce que nous détestons, par nos passions et nos haines. Rien ne nous intéresse plus que nous-mêmes.

Harold Dwight, un de nos animateurs de Philadelphie, fit une causerie très appréciée au dîner qui clôturait un de nos cours. Il nomma toutes les personnes présentes, l'une après l'autre, disant comment chacune parlait au début et les progrès qu'elle avait réalisés. Il rappela leurs sujets de causeries ; il parodia certaines en faisant des mimes, si bien que tout le monde s'amusa et fut enchanté. Avec ce thème, il ne pouvait échouer. C'était le sujet idéal. Rien n'aurait pu intéresser autant. Harold Dwight connaissait la nature humaine.

Il y a quelques années, j'ai écrit une série d'articles pour l'*American Magazine* et j'ai pu bavarder avec John Siddal qui dirigeait la rubrique du courrier des lecteurs.

« Les gens sont égoïstes, me dit-il. Ils ne s'intéressent qu'à eux. Ils se préoccupent peu de savoir si le gouvernement doit nationaliser les chemins de fer, mais ils veulent savoir comment réussir, comment gagner davantage d'argent, comment se maintenir en bonne santé. Si j'étais rédacteur en chef de ce journal, je leur dirais comment soigner leurs dents, prendre des bains, avoir frais l'été, comment se faire une situation, diriger leur personnel, éviter les fautes de grammaire, etc. Les lecteurs sont toujours intéressés par les histoires vraies. Ainsi je demanderais à un homme riche d'expliquer comment il a fait fortune. Je ferais appel à des banquiers et à des industriels pour qu'ils racontent comment ils sont sortis du rang et ont fait leur chemin vers la puissance et la richesse. »

Peu après, il devint effectivement rédacteur en chef. La revue avait une diffusion médiocre. Siddal appliqua les idées qu'il avait exposées et le résultat fut stupéfiant ! Le tirage passa de deux cent mille à trois, quatre, cinq cent mille. Il apportait au public ce qu'il voulait. Bientôt, la revue eut un million de lecteurs, puis un million et demi et deux millions. Elle ne s'arrêta pas en si beau chemin et continua de progresser. Siddal avait su parler à ses lecteurs de ce qui les intéressait.

Quand vous affronterez vos auditeurs, pensez qu'ils vous écouteront dans la mesure où vos paroles les concerneront. Si vous ne tenez pas compte des préoccupations les plus personnelles des gens, vous risquez d'avoir un auditoire qui bâillera d'ennui, regardera sa montre et la porte de sortie.

Deuxièmement : Faites des compliments sincères.

Toute assemblée est faite d'individus et chacun réagit comme tel. Si vous la critiquez, chacun se sent visé. Complimentez-les sur un fait qui mérite la louange, leur cœur vous sera ouvert. Cela vous demandera de la réflexion. Une phrase comme « Je m'adresse au plus intelligent des auditoires », ne prendrait pas, c'est une basse flatterie.

Chauncey M. Depew a dit fort justement : « Dites au public quelque chose qui le concerne, dont il ne pensait pas que vous ayez connaissance. » En voici un exemple : Parlant, un jour, aux membres du club des Kiwanis de Baltimore, un orateur n'avait rien trouvé de spécial sur leur club, si ce n'est que l'un de ses membres avait été président du Kiwanis international et un autre, administrateur de ce même Kiwanis international. Ce n'était pas une information bien sensationnelle pour les membres du club, aussi s'efforça-t-il de la présenter de façon originale. Il commença donc ainsi : « Le Kiwanis Club de Baltimore n'est qu'un club parmi 101 898. » Les auditeurs se regardèrent. Manifestement l'orateur se trompait puisqu'il n'y avait que 2 897 clubs Kiwanis dans le monde. Mais le conférencier poursuivit :

« Oui, même si vous ne le croyez pas, votre club, au moins mathématiquement, ne représente qu'un club sur 101 898. Je ne dis pas sur 100 000 ou sur 200 000, mais sur 101 898.

« En effet le Kiwanis international n'a que 2 897 clubs. Eh bien ! celui de Baltimore a eu un président et un membre fondateur de Kiwanis international. Mathématiquement les chances des autres clubs Kiwanis d'avoir à la fois un ancien président et un membre fondateur sont de une sur 101 898, j'en suis sûr car j'en ai fait faire le calcul par un agrégé de mathématiques. »

Soyez toujours sincère à cent pour cent. Une déclaration douteuse peut éventuellement tromper un auditeur, mais pas un auditoire. « Cette assemblée hautement intelligente... », « Cette réunion exceptionnelle de beauté et d'élégance... », « Je suis heureux d'être ici car je vous aime tous. » Non ! mille fois non ! Si vous ne pouvez vous montrer sincère, ne dites rien.

Troisièmement : Identifiez-vous à votre auditoire.

Aussitôt que possible, de préférence dès les premiers mots, dites ce qui vous unit à votre public. Si vous pensez être honoré d'avoir été invité à prendre la parole, dites-le. Quand Harold Macmillan s'adressa aux diplômés de l'université De Pauw, dans l'Indiana, il établit le lien dès la première phrase.

« Je vous suis reconnaissant de vos aimables paroles de bienvenue, dit-il. Pour un premier ministre de Grande-Bretagne, une invitation de votre grande université est exceptionnelle. Mais je pense que mes fonctions ne sont pas la seule, ni peut-être même la principale raison qui me vaut cette invitation. »

Puis il indiqua que sa mère était née américaine, dans l'Indiana, et que son grand-père avait été un des premiers diplômés de l'université.

« Je puis vous assurer que je suis fier d'avoir des attaches avec l'université De Pauw, et je suis heureux de renouer avec une vieille tradition de ma famille. »

Vous pouvez être certain que la référence de M. Macmillan à une école américaine, à la vie américaine de sa mère et de son grand-père, lui valut immédiatement des amis.

Une autre façon d'établir le contact est de citer le nom de personnes de l'assistance. Je me suis trouvé une fois assis à côté de l'orateur principal d'un banquet, et je fus étonné de la curiosité qu'il manifestait envers plusieurs personnes. Pendant tout le repas, il ne cessa de questionner le maître d'hôtel, demandant le nom du monsieur en bleu à cette table ou celui de la dame avec un chapeau à fleurs. Quand il prit la parole, j'en compris la raison ; il glissa très adroitement dans son allocution les noms qu'il venait d'apprendre et je pus voir un plaisir manifeste sur le visage de ceux dont le nom avait été prononcé ; technique très simple qui lui avait gagné leur sympathie.

Voyez comme Frank Pace Jr., président de la General Dynamics Corporation, sut à l'aide de quelques noms marquer un avantage. C'était au cours du dîner annuel de l'Association « Religion dans la Vie Américaine », à New York :

« Cette soirée a été pour moi agréable et intéressante. D'abord j'ai le plaisir de retrouver ici mon propre pasteur, le révérend Robert Appleyard. Par ses paroles, ses actes et ses conseils il a toujours été un guide pour moi, ma famille et toute notre congrégation. Ensuite, être assis entre Lewis Strauss et Bob Stevens, deux hommes dont l'intérêt pour les questions religieuses se double d'un intérêt pour les questions sociales, voilà qui me procure une grande joie. »

Une mise en garde cependant : si vous devez employer des noms étrangers que vous venez d'apprendre, veillez à les prononcer correctement. Ne les utilisez qu'à dessein et n'en abusez pas.

Pour susciter l'attention de votre auditoire, employez le pronom « vous » de préférence à « ils ». De la sorte l'auditoire est en éveil, puisqu'il est concerné ; ce point ne doit pas échapper à celui qui veut être écouté. Voici un extrait d'une causerie sur l'acide sulfurique, faite par un de nos participants de New York :

« L'acide sulfurique vous est utile de mille façons. Sans acide sulfurique plus de voiture car il est utilisé dans le raffinage de l'essence ; sans lui pas l'électricité pour éclairer votre bureau ou votre appartement.

« Le robinet nickelé que vous tournez pour faire couler votre bain a été fabriqué grâce à cet acide. De même, votre savon est composé d'huiles ou de graisses qui ont été traitées par l'acide sulfurique. Cet acide est encore indispensable pour fabriquer les poils de votre brosse à cheveu et de votre peigne ; il a servi à décaper votre rasoir lors de sa fabrication.

« Lorsque vous prenez votre petit déjeuner, l'acide sulfurique est encore présent, il entre dans la fabrication de votre tasse et de votre soucoupe, si elles ne sont pas blanches ; il est nécessaire pour argenter votre cuiller, votre couteau et votre fourchette et ainsi de suite ; toute la journée vous rencontrez l'acide sulfurique sous différentes formes. Allez où vous voudrez, vous ne pourrez échapper à son influence. »

En utilisant le « vous » habilement et en faisant entrer ainsi ses auditeurs dans le tableau qu'il décrivait, ce garçon a obtenu une attention intense. Dans certains cas, cependant l'emploi du « vous » est dangereux, car il sépare plus qu'il ne rapproche l'orateur de l'auditoire. C'est le cas lorsque nous avons l'air de faire un sermon. Il est alors préférable de dire « nous » que « vous ».

Le docteur W. W. Bauer, directeur de la santé publique de l'Association médicale américaine, emploie cette technique à la radio ou à la télévision : « Nous désirons tous savoir comment choisir un bon docteur, n'est-ce pas ? Or, si nous voulons qu'il nous rende les meilleurs services, nous devons apprendre à être de bons malades. »

Quatrièmement : Dialoguez avec votre auditoire.

N'avez-vous jamais pensé que vous pouviez avoir un auditoire suspendu à vos lèvres avec un peu de mise en scène ? Si vous faites appel à un auditeur pour vous aider à démontrer un argument, expliquer une idée, vous serez récompensé par une nette recrudescence d'attention. L'auditoire forme un groupe, dont chaque membre se sent concerné lorsque l'un d'eux « entre dans le jeu » de l'orateur. Si un mur sépare le podium du reste de la salle, faire participer l'auditoire est un excellent moyen d'abattre ce mur.

Je me souviens d'un conférencier qui expliquait sur quelle distance une voiture s'arrête après freinage. Il pria un auditeur du premier rang de l'aider à démontrer que cette distance varie avec la vitesse de la voiture. La personne désignée prit l'extrémité d'un décamètre métallique et l'amena dans l'allée, quelques mètres plus loin, où elle s'arrêta sur un signe de l'orateur. En voyant cette scène, je ne pus m'empêcher de remarquer combien la salle participait à l'expérience. Le décamètre servait non seulement à illustrer, mais constituait aussi un point de contact entre l'orateur et le public. Sans cette petite mise en scène, les auditeurs auraient peut-être continué à penser au dîner du soir ou au programme de la télévision.

Un de mes moyens préférés pour obtenir la participation du public consiste simplement à poser des questions et à obtenir des réponses. J'aime faire lever l'auditoire et lui faire répéter une phrase après moi, ou bien faire lever la main des auditeurs en réponse à mes questions. Percy H. Whiting, dont le livre *Comment mettre de l'humour dans votre conversation ou dans vos écrits* contient quelques excellents conseils sur cette participation, suggère de faire voter les auditeurs ou de les inviter à résoudre un problème. « Mettez-vous dans l'esprit, dit Whiting, qu'un discours n'est pas une récitation. Il doit obtenir une réaction de l'auditoire, l'associer à l'entreprise. » J'aime cette appellation du public « un associé à l'entreprise ». Si vous savez faire participer l'auditoire, vous en ferez un associé.

Cinquièmement : Soyez modeste.

Naturellement, rien ne remplacera la sincérité dans les relations orateur-public. Norman Vincent Peale donna un jour un conseil très utile à un pasteur qui avait du mal à soutenir l'attention de ses fidèles quand il prêchait. Il lui demanda de s'interroger sur ses sentiments envers la congrégation à laquelle il s'adressait le dimanche matin. L'aimait-il ? Voulait-il l'aider ? La croyait-il intellectuellement inférieure ? Le révérend Peale affirme qu'il ne monte jamais en chaire sans éprouver un vif sentiment de fraternité pour les hommes et les femmes qu'il a devant lui. L'auditoire a vite fait de jauger l'orateur qui se croit supérieur sur le plan intellectuel ou social. Un des meilleurs moyens de se faire aimer du public est de rester simple et naturel.

Edmund S. Muskie, alors sénateur du Maine, en donne l'exemple dans une allocution adressée à l'Association américaine du Barreau, à Boston.

« Je prends la parole ce matin avec beaucoup d'appréhension. D'abord je suis conscient de la valeur professionnelle de cette assemblée et je crains de livrer mes modestes talents à vos critiques. En second lieu, c'est une réunion matinale, c'est-à-dire au moment où il est presque impossible d'avoir l'esprit parfaitement éveillé, et un échec peut être fatal à un homme politique. Enfin il y a le sujet : l'influence que les controverses ont eue sur ma carrière d'homme politique. Tant que je ferai de la politique, il y aura divergence d'opinion chez mes électeurs pour savoir si cette influence a été bonne ou mauvaise.

« Face à ces incertitudes, je me sens comme un moustique dans un camp de nudistes ; je ne sais par où commencer. »

Après cet exorde, le sénateur fit une belle allocution.

Adlaï Stevenson se fit aussi modeste lors d'un discours à l'université du Michigan. Il commença ainsi :

« Mon sentiment d'insuffisance en cet instant me rappelle la réflexion de Samuel Butler à qui on demandait que faire pour tirer au maximum parti de la vie. Il répondit à peu près ceci : « Comment le saurais-je ? Je ne le sais même pas pour « le prochain quart d'heure. » C'est ce que j'éprouve. »

La meilleure manière de heurter votre auditoire est de lui faire sentir que vous pensez lui « être supérieur ». Quand vous parlez en public, vous êtes comme dans une vitrine et tous les aspects de votre personnalité sont visibles. La moindre marque de vantardise est dangereuse, alors que la modestie suscite la confiance et la sympathie. Vous pouvez être modeste sans vous excuser. Votre auditoire vous respectera si vous reconnaissez vos imperfections et si vous vous montrez résolu à faire de votre mieux.

La télévision est un monstre exigeant. En Amérique, elle use très vite les plus grands artistes. Ed. Sullivan est un des rares à se maintenir après plusieurs années, et ce n'est pas un homme de télévision, mais un journaliste. Il ne survit à cette âpre compétition que parce qu'il ne prétend pas être différent de ce qu'il est : un amateur. Certaines de ses poses auraient pu être un handicap pour quelqu'un ayant moins de charme naturel. Il se tient le menton, hausse les épaules, tortille sa cravate, trébuche sur ses mots ; mais ces défauts ne le desservent pas.

Il ne s'irrite pas lorsqu'on le critique. Il lui est arrivé de payer un imitateur de talent qui l'a caricaturé à la perfection. Il en riait comme tout le monde. Il acceptait la critique, et ses spectateurs lui en étaient reconnaissants. Le public aime l'humilité. Il n'aime pas les poseurs.

Henry et Dana Lee Thomas, dans leur livre *Biographies des chefs de file des différentes religions,* disent de Confucius : « Il n'essayait jamais d'éblouir les gens par ses connaissances. Il essayait simplement de les éclairer avec sympathie. » Si nous avons de la sympathie pour nos auditeurs, nous aurons en même temps la clé de leur cœur.

RÉSUMÉ DE LA DEUXIÈME PARTIE

DISCOURS - ORATEUR - AUDITOIRE

IV. COMMENT MÉRITER DE PRENDRE LA PAROLE.

1. Limitez votre sujet.
2. Accumulez une réserve de puissance.
3. Emaillez votre causerie d'illustrations et d'exemples.
   Humanisez votre exposé.
   Personnalisez votre exposé en utilisant des noms propres.
   Soyez précis. Mettez de nombreux détails dans votre exposé.
   Dramatisez votre exposé en utilisant un dialogue.
   Faites « voir » ce que vous racontez.
3. Employez des mots concrets, usuels, faisant image.

V. ANIMEZ VOTRE EXPOSÉ.

1. Choisissez des sujets dont vous soyez pénétré.
2. Revivez les événements que vous décrivez.
3. Montrez-vous convaincu.

VI. ASSOCIEZ VOS AUDITEURS A VOTRE CAUSERIE.

1. Parlez à vos auditeurs de ce qui les intéresse.
2. Faites des compliments sincères.
3. Identifiez-vous à votre auditoire.
4. Dialoguez avec votre auditoire.
5. Soyez modeste.

TROISIÈME PARTIE

CAUSERIES PRÉPARÉES ET IMPROMPTUES

Nous allons maintenant étudier en détail comment faire deux causeries de types différents : la causerie préparée et la causerie improvisée.

Trois chapitres sont consacrés aux causeries préparées pour inciter à l'action, informer et convaincre au moyen d'exposés préparés.

Dans un autre chapitre, nous parlerons des causeries impromptues ; leur but peut être de faire agir, de renseigner ou de distraire, selon les circonstances.

Le succès de l'une ou l'autre méthode implique que l'orateur ait clairement défini dans son esprit le but de sa causerie.

CHAPITRE VII

COMMENT FAIRE UNE CAUSERIE COURTE POUR INCITER A L'ACTION

UN CÉLÈBRE ÉVÊQUE ANGLAIS, PENDANT LA PREMIÈRE GUERRE mondiale, s'adressa aux troupes à Camp Upton. Les soldats allaient partir au front, et quelques-uns seulement savaient pourquoi ils se battaient. Je le sais, je les avais questionnés. Cependant, ledit évêque leur parla des « bonnes relations internationales » et des « droits de la Serbie à garder sa place au soleil ». Or, la moitié des hommes n'auraient pu dire si la Serbie était une ville ou une maladie, si bien que l'orateur aurait pu leur dire n'importe quoi. Pourtant pas un seul ne quitta la salle : des policiers militaires avaient été postés à toutes les issues pour prévenir leur fuite !

Je ne veux pas diminuer les mérites de cet évêque. C'était un homme cultivé, et dans une assemblée d'ecclésiastiques il eût probablement été brillant, mais devant ces militaires il fut pitoyable. Pourquoi ? C'est que, de toute évidence, il ne savait ni le but précis de sa causerie ni comment la faire.

Qu'entendons-nous par but d'une causerie ? Simplement ceci : toute causerie, que le conférencier en ait ou non conscience, a un des quatre objectifs suivants :

1. Persuader ou inciter à l'action.
2. Informer.
3. Faire impression et convaincre.
4. Distraire.

Illustrons cela par des exemples concrets, tirés de la carrière d'Abraham Lincoln.

Peu de gens savent que Lincoln a inventé et fait breveter un moyen de soulever les bateaux pris dans les bancs de sables ou entravés par d'autres obstacles. Il construisit une maquette de son appareil dans un atelier de mécanique situé près de son cabinet d'avocat. Et quand ses amis venaient voir le modèle, il leur donnait de longues explications : il voulait les informer.

Quand il prononça son allocution célèbre à Gettysburg, lorsqu'il fit son premier puis son deuxième discours inaugural, lorsqu'il fit l'éloge d'Henry Clay, son objectif était de convaincre.

Dans ses plaidoiries, il essayait d'obtenir un verdict favorable. Dans ses discours politiques, il voulait gagner des votes. Son but était donc de faire agir.

Deux ans avant d'être élu président des Etats-Unis, il fit une conférence sur les inventions. Il voulait distraire, du moins, c'était sa pensée. Malheureusement il n'eut pas beaucoup de succès. Sa carrière de conférencier populaire fut un échec total, au point que, dans une ville où il devait parler, personne ne se dérangea pour venir l'écouter.

Mais il connut une réussite remarquable dans les autres genres de discours. Certains sont devenus classiques. Pourquoi ? Parce qu'il connaissait bien son objectif et le moyen de l'atteindre.

Beaucoup d'orateurs ne savent pas aligner leur objectif sur le but de la réunion, aussi ils échouent lamentablement.

Un membre du Congrès des Etats-Unis fut une fois hué et sifflé, et dut quitter le vieil hippodrome de New York, parce qu'il avait — inconsciemment, sans doute, mais bien imprudemment — voulu faire une conférence éducative. La foule n'aime pas recevoir de leçon. Elle veut être distraite. Elle l'écouta patiemment, poliment, pendant dix ou quinze minutes, espérant que ce serait vite fini. Mais l'orateur poursuivant, la patience du public s'émoussa. Quelqu'un commença à applaudir ironiquement, d'autres suivirent, et en un instant mille personnes se mirent à siffler et vociférer. L'orateur obtus, incapable de percevoir le mécontentement de l'auditoire, eut le mauvais goût de continuer. L'excitation reprit de plus belle. L'impatience fit place à la colère. Le public décida de le faire taire, et la tempête de protestations devint de plus en plus bruyante. Finalement les hurlements et le vacarme couvrirent la voix de l'orateur. On ne l'aurait pas entendu à vingt pas. Il fut obligé d'abandonner, dut reconnaître sa défaite et se retira humilié.

Profitez de cet exemple. Faites une causerie qui s'adapte à l'auditoire et aux circonstances. Si ce parlementaire s'était demandé auparavant si son désir d'informer correspondait à ce que voulaient entendre ses auditeurs, il n'aurait pas subi un échec aussi cuisant. Choisissez un des objectifs indiqués ci-dessus, seulement après avoir étudié l'auditoire et le but de la réunion.

Ce chapitre se limitera aux causeries courtes qui veulent inciter à l'action. Les trois suivants seront consacrés aux autres buts des discours, à savoir : informer, convaincre, distraire. Chacun exige l'élaboration d'un plan différent, et présente des écueils qui doivent être évités. Voyons d'abord comment préparer une causerie pour faire agir l'auditoire.

Y a-t-il un moyen d'agencer nos propos qui nous assure de parvenir à nos fins ? Ou est-ce un effet du hasard ?

Je me souviens en avoir discuté avec mes associés dans les années 30, quand mes cours commencèrent à se propager dans tout le pays. En raison du nombre croissant des participants, nous limitions à deux minutes le temps imparti à chacun. Ce qui ne gênait pas, quand l'orateur voulait seulement distraire ou informer. Mais il n'en était pas de même pour les causeries qui incitent à l'action. Nous n'obtenions aucun résultat avec le vieux système : introduction, développement et conclusion, modèle que tous les orateurs ont suivi depuis Aristote. Il fallait trouver un plan inédit qui assure la réussite d'une causerie de deux minutes.

Nous nous sommes réunis à Chicago, Los Angeles et New York. Nous avons fait appel à tous nos animateurs, plusieurs étaient professeurs d'éloquence dans des universités, d'autres hommes d'affaires de grande classe ou publicistes renommés. Nous espérions, grâce à cet ensemble de cultures diverses, découvrir une méthode nouvelle qui réponde à nos besoins actuels pour inciter l'auditeur à l'action.

Nous n'avons pas été déçus. De ces discussions sortit la Formule Magique pour inciter à l'action. Nous avons commencé à l'utiliser dans nos cours et nous avons continué depuis. Qu'est-ce que la Formule Magique ? La voici : d'abord l'*événement*. Commencez par un fait, une histoire qui illustre le message que vous voulez transmettre. Ensuite l'*action*. En termes clairs et précis dites exactement ce que vous désirez que votre auditoire fasse. Enfin le *bienfait*. Faites ressortir les avantages ou les bienfaits qui en résulteront pour l'intéressé.

Cette formule convient parfaitement au rythme rapide de la vie moderne. Les conférenciers ne peuvent plus se permettre de trop longues introductions. Le public, qui se compose de gens pressés, désire que l'orateur aille droit au fait, car il est habitué au style direct des journalistes. Il est accoutumé aux formules percutantes où chaque mot a son importance, aux affiches publicitaires sur les murs de la ville, dans les journaux et les revues ou sur les écrans de télévision. Chaque mot a sa raison d'être. La formule magique vous permet d'obtenir l'attention et de la concentrer sur le point capital de votre message. Elle évite le recours aux plates formules préliminaires telles que : « Je n'ai pas eu le temps de préparer ma causerie » ou : « Quand le président m'a désigné pour parler, je me suis demandé pourquoi il m'avait choisi. » Le public ne s'intéresse pas aux *excuses ni aux justifications, vraies ou fausses*. Il veut des *faits*. La Formule Magique permet d'entrer immédiatement dans le vif du sujet.

Elle est idéale pour les causeries courtes, parce qu'elle comporte un certain suspens. L'auditeur est accroché par l'histoire mais il ne saura qu'à la fin où vous voulez en venir. Dans les cas où vous exigez quelque chose de l'auditoire, cette formule est presque indispensable pour réussir. Aucun orateur voulant faire délier la bourse de ses auditeurs même pour une bonne cause n'ira très loin en commençant ainsi : « Mesdames et messieurs, je suis ici pour vous demander à chacun cinq dollars. » Ils se précipiteront tous vers la sortie. Mais s'il décrit sa visite à l'hôpital des Enfants-Malades où il a vu un cas particulièrement poignant nécessitant une contribution financière en vue d'une opération urgente, et qu'il la demande au public, ses chances d'être écouté seront considérablement augmentées. C'est l'événement vécu qui prépare le public à l'action qu'on lui demande.

Voyez comment Leland Stowe s'est servi de l'incident exemple pour demander à ses auditeurs de répondre à l'appel des Nations Unies en faveur de l'enfance :

« Je prie le Ciel de n'avoir jamais à me retrouver en pareille situation. Je n'avais qu'une cacahuète pour soustraire un enfant à la mort. Puissiez-vous à ne jamais en faire l'expérience et vivre ensuite avec ce souvenir. Si vous aviez entendu la voix et vu les yeux de ces petits Athéniens, par cette journée de janvier dans un quartier pauvre de leur ville ravagée par les bombes... Cependant il ne me restait qu'une boîte de cacahuètes d'une demi-livre. Tandis que je m'efforçais de l'ouvrir, des gosses en loques m'entourèrent par douzaines comme une nuée, et s'agrippèrent frénétiquement à moi. De jeunes mères, avec leur bébé sur les bras, se bousculaient pour m'approcher. Elles me tendaient leur enfant, et les petites mains décharnées s'agitaient convulsivement dans ma direction. J'essayai de distribuer mes cacahuètes équitablement.

« Dans la bousculade je fus presque jeté à terre. Je ne voyais plus que des mains. Des centaines de mains tendues, demandant la charité, des mains désespérées, de pitoyables petites mains. Une cacahuète ici, une autre là. Six cacahuètes m'échappèrent, une ruée sauvage projeta à terre les corps émaciés. Je repris ma distribution. Des centaines de mains se tendaient toujours vers moi, des centaines d'yeux brillaient d'espoir. Je restai là, désemparé, ma boîte vide à la main... Oui, j'espère que cela ne vous arrivera jamais. »

La Formule Magique peut aussi servir dans les lettres d'affaires ou les directives à des employés ou des subordonnés. Les mères de famille peuvent l'utiliser pour motiver leurs enfants, et les enfants pour obtenir une permission de leurs parents. C'est un outil psychologique qui vous aidera à faire passer tous les jours vos idées.

Même dans la publicité on utilise la Formule Magique quotidiennement. La société des piles Eveready l'a utilisée récemment pour sa publicité à la radio et à la télévision. Le présentateur commence par raconter l'histoire d'une personne dont la voiture se retourne sur la route en pleine nuit. Après quelques détails sur l'accident, le conducteur termine en disant comment l'éclairage produit par les piles Eveready l'a aidé. Puis le speaker poursuit avec « l'action » et « le bienfait » :

« Achetez des piles Eveready, elles vous aideront dans une situation semblable. » Toutes ces histoires étaient des expériences vécues, que la société des piles Eveready avait sorties de ses dossiers. Je ne sais pas combien de piles Eveready cette histoire a fait vendre, mais je sais que la Formule Magique est efficace pour recommander une action à vos auditeurs. Examinons maintenant chaque étape.

Premièrement : Racontez un événement que vous avez vécu.

C'est la partie la plus longue. Vous décrivez une expérience qui a été pour vous une leçon. Au dire des psychologues, nous apprenons de deux manières : 1° Par la répétition (une série d'incidents similaires nous amène à modifier notre conduite). 2° Par une expérience frappante, qui peut suffire à nous transformer. Nous avons tous eu des expériences exceptionnelles. Nous n'avons pas à les chercher loin, elles sont gravées dans notre mémoire, et elles ont modifié notre comportement dans une large mesure. En les faisant revivre, elles peuvent influencer les autres, car les gens réagissent de la même façon aux paroles et aux événements réels. Vous devez revivre l'événement pour en recréer l'atmosphère, de telle sorte que vos auditeurs ressentent le même effet que vous lorsque c'est arrivé. Pour que votre auditoire soit « pris » par votre récit, il est indispensable qu'il soit clair et laisse percer vos émotions. Voici certaines suggestions qui vous aideront à rendre l'événement frappant et intéressant.

Utilisez comme événement une seule expérience personnelle

L'incident exemple est spécialement efficace, s'il fait appel à une expérience unique qui a eu pour vous de grandes répercussions. Il a pu se passer en quelques secondes, mais ce court espace de temps a suffi pour vous donner une leçon inoubliable. Un de nos participants nous raconta dernièrement la terrible expérience qu'il avait faite alors qu'il luttait désespérément pour regagner le rivage à la nage, son bateau ayant chaviré. Je suis sûr que tous ceux qui étaient présents ont décidé de suivre, dans un cas semblable, le conseil de l'orateur : rester près du bateau en attendant de l'aide. Je me souviens d'un accident dramatique survenu à un enfant qui jouait auprès d'une tondeuse à moteur retournée. Il est resté gravé dans ma mémoire de façon si précise que je me méfie toujours quand des enfants tournent autour de ma propre tondeuse. Beaucoup de nos animateurs ont été si frappés par ce qu'ils ont entendu dans leurs cours qu'ils ont immédiatement fait le nécessaire pour que de telles choses n'arrivent pas chez eux. L'un d'eux garde dans sa cuisine, à portée de la main, un extincteur, depuis qu'il a entendu le récit de l'incendie tragique qui s'était déclaré dans une cuisine. Un autre a étiqueté toutes les bouteilles contenant un produit toxique et les a rangées hors de portée de ses enfants, après avoir entendu une mère bouleversée dire comment elle avait trouvé son enfant inanimé dans la salle de bains, une bouteille de poison dans la main.

Une expérience personnelle, unique, mais qui vous a marqué et que vous n'oublierez pas, est la base indispensable d'une causerie pour inciter à l'action. Avec un exemple de ce genre vous inciterez vos auditeurs à agir. Si cela vous est arrivé, ils penseront que cela peut leur arriver aussi et qu'il est préférable de suivre votre conseil.

Commencez votre causerie par un détail de l'événement

Une des raisons de commencer votre causerie par un événement est que celui-ci accroche immédiatement l'attention. Certains orateurs échouent, parce que trop souvent ils débutent par des répétitions, des clichés ou des excuses, qui n'intéressent personne. « N'ayant pas l'habitude de parler en public », est particulièrement mauvais, mais d'autres lieux communs sont aussi déplorables. Donner des détails sur le choix de votre sujet, révéler que vous n'êtes pas bien préparé (on le découvrira toujours assez tôt), commencer comme un prédicateur donnant le titre de son sermon, sont choses à éviter dans cette forme de causerie.

Prenez exemple sur les journalistes qui écrivent dans les revues ou les quotidiens à grand tirage. Entrez dans le vif du sujet et votre auditoire sera immédiatement attentif.

Voici quelques débuts de causeries qui m'ont attiré comme un aimant : « En 1942, je me suis retrouvé sur un lit d'hôpital », « Hier, au petit déjeuner, ma femme versait le café quand... », « En juillet dernier, je conduisais dans un carrefour dangereux... », « La porte de mon bureau s'ouvrit et Charles Vam, notre contremaître, fit irruption », « Je pêchais au milieu du lac. En levant les yeux je vis un canot à moteur filer droit sur moi à toute allure. »

En commençant ainsi avec une phrase répondant à l'une des questions : Qui ? Quand ? Où ? Quoi ? Comment ? Pourquoi ? vous utilisez un des plus vieux moyens du monde pour établir le contact : le récit. « Il était une fois... », ce sont des mots magiques qui ouvrent les vannes de l'imagination enfantine. Avec ce procédé vous captivez vos auditeurs dès les premiers mots.

Donnez des détails pertinents

Le détail en lui-même offre peu d'intérêt. Une pièce encombrée de meubles n'est pas attrayante. Un tableau rempli d'une multitude de détails insignifiants n'incite pas à un examen attentif. De même des détails surabondants et sans importance transforment la conversation et la causerie en pénible épreuve d'endurance. Le secret est de sélectionner les détails qui mettront en valeur ce que vous avez à dire. Si vous voulez faire admettre à vos auditeurs qu'ils doivent faire réviser leur voiture avant de partir en voyage, les détails de votre exemple devront être axés sur ce qui vous est arrivé parce que vous ne l'avez pas fait avant de prendre la route. Si vous parlez de la beauté du paysage ou de votre future résidence, vous n'aurez réussi qu'à disperser l'attention.

Mais le détail pertinent, évoqué dans une langue colorée et précise, est le meilleur moyen de faire revivre l'incident tel qu'il s'est passé. Dire simplement que vous avez eu un accident dû à votre négligence est plat, sans intérêt et a peu de chance d'inciter quiconque à être plus prudent au volant. Mais si vous brossez un tableau verbal de votre peur, avec toute la puissance que permet le vocabulaire, vous graverez la scène dans l'esprit de vos auditeurs. Voici comment un de nos participants s'y est pris pour recommander la prudence sur les routes verglacées :

> Je conduisais ma voiture vers le nord en Indiana, le matin juste avant Noël, en 1949. Dans la voiture se trouvaient ma femme et mes deux enfants. Depuis plusieurs heures, nous

roulions sur une patinoire. Le plus léger coup de volant et nous dérapions. Peu de conducteurs essayaient de dépasser, les heures s'écoulaient aussi lentement que les véhicules.

Enfin, j'arrivai en terrain découvert. Le soleil avait fait fondre la glace, et j'appuyai sur l'accélérateur pour rattraper le temps perdu. D'autres voitures firent de même. Chacun semblait soudain pressé d'arriver le premier à Chicago. Les enfants chantaient sur la banquette arrière. La tension diminuait.

Brusquement la route se mit à monter et nous nous trouvâmes de nouveau dans les bois. Comme ma voiture lancée à toute allure parvenait au sommet de la côte, je me rendis compte trop tard que le versant exposé au nord n'avait pas encore été touché par le soleil, et que la route ressemblait à un miroir. En un éclair, je vis deux automobiles renversées devant nous, la mienne fit une embardée terrible pour atterrir sur le bas-côté, mais toujours sur ses roues ; malheureusement le véhicule qui nous suivait dérapa lui aussi et vint s'écraser sur nous, enfonçant les portières et nous couvrant d'éclats de verre.

L'abondance de détails permet ici au public de se représenter la scène. Après tout, ce que vous recherchez est de faire voir à vos auditeurs ce que vous avez vu, de leur faire entendre ce que vous avez entendu, de leur faire éprouver ce que vous avez ressenti. La meilleure manière d'y parvenir est de bien utiliser les détails. Comme on l'a dit au chapitre quatre, toute la préparation d'une causerie consiste à répondre aux questions : Qui ? Quand ? Où ? Comment ? Pourquoi ? Vous devez exciter l'imagination de vos auditeurs, en leur brossant un tableau verbal.

Revivez votre expérience en la racontant

L'orateur doit non seulement user de détails qui font image, mais encore revivre l'expérience qu'il rapporte. C'est là que paroles et actions doivent s'imbriquer. Tous les grands orateurs ont eu le sens du drame, mais ce n'est pas une qualité si rare. La plupart des enfants la possèdent. De nombreuses personnes que vous connaissez ont un visage expressif, un sens du théâtre et le don de mime, indispensable pour recréer une situation. La plupart d'entre nous n'est pas entièrement dépourvue de ces dons que nous pourrons développer avec un peu d'effort et de pratique.

Plus votre causerie sera animée, davantage elle marquera votre auditoire. Même si elle est pleine de détails, elle paraîtra fade, si vous ne la racontez pas avec l'accent de la vérité. Si vous parlez d'un incendie, faites-nous participer à l'émotion de la foule pendant que les pompiers le combattent. Vous relatez une discussion avec votre voisin ? Revivez-la, mimez-la. Vous expliquez comment vous vous êtes débattu dans l'eau quand la panique vous a pris ? Que votre auditoire ressente vos efforts désespérés en ces terribles moments. L'un des buts de l'exemple est qu'on s'en souvienne. Vos auditeurs se le rappelleront d'autant plus qu'ils l'auront revécu avec vous. C'est ainsi que l'honnêteté de George Washington est passée à la postérité à cause de l'incident du cerisier, que raconte Weem, son biographe. Le Nouveau Testament est rempli de règles morales renforcées par des exemples humains, comme l'histoire du Bon Samaritain.

Grâce à l'incident-exemple, on se rappellera mieux votre causerie, et elle sera plus convaincante. Le public est très sensible à toutes les expériences vraies. Dans un sens, on peut dire qu'un auditoire est généralement bien disposé à répondre aux suggestions de l'orateur. Cela nous amène à la deuxième partie de la formule magique.

Deuxièmement : Quelle action recommandez-vous ? Que voulez-vous que votre public fasse ?

L'exposé de l'événement vécu a pris plus des trois quarts du temps dont vous disposez. Supposons que vous parliez pendant deux minutes. Il vous reste donc vingt secondes environ pour proclamer l'action à faire et l'avantage qui en résultera. Les détails sont maintenant superflus. C'est le moment d'aller droit au fait. C'est l'inverse de la technique des journaux, au lieu de donner d'abord les gros titres, vous commencez par l'histoire, puis vient l'action ou plutôt l'incitation à l'action. Cette étape est soumise à trois règles :

Enoncez l'action de façon brève et précise

Soyez précis en expliquant à votre auditoire ce que vous attendez exactement de lui, car il ne fera que ce qu'il aura bien compris. Il est essentiel que vous sachiez exactement ce que vous allez leur demander de faire maintenant que

l'exemple les a préparés. Il est utile de décrire l'action en style télégraphique, en réduisant au maximum le nombre de mots et en choisissant les termes les plus précis possibles. Ne dites pas : « Aidez les enfants de notre orphelinat », c'est trop général, dites plutôt : « Inscrivez-vous dès ce soir pour la réunion de dimanche prochain et nous emmènerons vingt-cinq enfants en pique-nique. » Il est important de demander un acte concret, plutôt qu'une action morale, qui est trop vague. Par exemple :
« Pensez de temps en temps à vos grands-parents » n'appelle pas à une action précise, dites plutôt : « Allez rendre visite à vos grands-parents cette semaine. » « Soyez patriote » sera avantageusement remplacé par : « N'oubliez pas d'aller voter mardi prochain. »

Rendez votre recommandation facile à exécuter

Quel que soit son objectif, c'est au conférencier qu'il appartient de présenter l'action qu'il demande, de telle sorte qu'elle soit réalisable par l'auditoire. Le meilleur moyen d'y parvenir est d'être précis. Si vous désirez qu'ils développent leur mémoire pour retenir les noms, ne dites pas : « Commencez dès aujourd'hui à travailler votre mémoire pour retenir les noms. » C'est trop général. Mais dites : « Répétez le nom de la prochaine personne que vous rencontrerez, cinq fois dans les cinq minutes qui suivent. »

Les orateurs qui détaillent l'action qu'ils requièrent de l'auditoire, réussissent mieux à le motiver que ceux qui se cantonnent dans les généralités. Dire : « Signer la carte de vœux de bon rétablissement qui est placée sur la table, au fond de la salle », sera plus efficace que de prier vos auditeurs d'envoyer leur carte ou d'écrire à un camarade qui se trouve à l'hôpital.

Pour savoir si l'argument doit être présenté de façon négative ou positive, il faut se mettre à la place de l'auditeur. Les phrases négatives ne sont pas nécessairement sans effet. Elles sont probablement plus convaincantes lorsqu'elles résument ce qu'il faut éviter. « Ne volez pas d'ampoules électriques ! » fut une formule percutante, bien que négative, lancée dans une campagne publicitaire pour vendre des ampoules, il y a quelques années.

Conseillez l'action avec force et conviction

Toute votre causerie a pour but cette action. Vous devez donc l'imposer avec force et conviction. Comme un titre s'écrit en lettres capitales, votre appel à l'action sera amplifié par la force de votre voix. C'est votre dernière chance de convaincre l'auditoire. Faites en sorte qu'il sente votre sincérité. Soyez ferme dans vos propos, et sans hésitation dans votre choix. Votre force de persuasion doit s'étendre jusqu'aux derniers mots de la troisième étape de la Formule Magique.

Troisièmement : Faites ressortir le bienfait que votre auditoire peut en retirer.

Ici encore, il est nécessaire d'être bref. Vous indiquez le bienfait que vos auditeurs en retireront s'ils font ce que vous leur suggérez

Assurez-vous que le bienfait soit bien en rapport avec l'événement

On a beaucoup écrit sur la motivation dans les conférences publiques. C'est un vaste sujet, utile à qui veut pousser les autres à agir. Dans la causerie courte pour inciter à l'action qui nous occupe ici, toute ce que nous devons chercher à faire est de mettre en vedette le bienfait en une ou deux courtes phrases, puis de nous asseoir. Il est donc très important que vous gardiez toujours présent à l'esprit le bienfait qui est amené par l'événement. Si vous racontez comment vous avez économisé de l'argent en achetant une voiture d'occasion et que vous conseilliez à vos auditeurs d'en faire autant, vous insisterez sur les économies qu'ils feront eux-mêmes, sans vous perdre en digressions et donner comme avantage le fait que certaines vieilles voitures ont plus d'allure que les modèles récents.

Insistez sur un bienfait, un seulement

La plupart des vendeurs pourront donner une demi-douzaine de raisons pour nous convaincre d'acheter leurs produits. Il est possible que vous aussi, ayez plusieurs arguments, et qui tous se rapportent à l'événement. Mais, là encore, il vaudra mieux vous en tenir à un bienfait particulier et conclure là-dessus. Vos derniers mots devront être aussi percutants qu'un slogan publicitaire. Si vous étudiez les annonces qui sont souvent faites avec beaucoup de talent, vous aurez plus de facilité à présenter l'action et le bienfait. Aucune publicité ne cherche à vendre plus d'un produit ou d'une idée à la fois. Dans les journaux à grand tirage très peu utilisent plusieurs arguments pour convaincre. Une même compagnie peut changer son mode de publicité, et passer de la télévision à la presse, mais il est rare qu'elle se serve de plusieurs arguments pour chacun de ses articles.

En faisant cette étude vous serez surpris de constater combien la Formule Magique est utilisée pour amener les gens à acheter, et vous vous rendrez compte du lien qui unit la publicité et la vente.

On peut présenter l'exemple différemment, en utilisant des objets, en faisant une démonstration spectaculaire, en citant des témoignages d'experts, des statistiques ou des preuves par analogie. Nous en reparlerons au chapitre treize sur la « causerie longue pour convaincre ». Dans ce chapitre, on s'est limité à l'incident-exemple personnel, car c'est de loin le plus facile et le plus convaincant.

CHAPITRE VIII

COMMENT FAIRE UNE CAUSERIE POUR INFORMER

VOUS AVEZ SANS DOUTE DÉJA ENTENDU UN ORATEUR ENNUYEUX comme celui qui un jour mit au supplice une commission d'enquête du Sénat américain. C'était une haute personnalité du gouvernement, mais il pérorait dans le vague, sans rien expliquer clairement. Il était insipide et obscur, et la commission perdait son temps. Finalement, Samuel James Ervin, Jr., sénateur de la Caroline du Nord, put placer quelques mots bien sentis.

Il dit que l'orateur lui rappelait un mari qu'il avait connu. Ce dernier voulait divorcer bien que sa femme fût belle, bonne cuisinière et mère de famille parfaite.

« Mais alors, pourquoi divorcer ? lui demanda son avocat.

— Parce que ma femme parle tout le temps.

— De quoi parle-t-elle ?

— Voilà le hic, dit-il, elle ne le dit jamais ! »

C'est ce qui se passe aussi avec de nombreux orateurs, hommes ou femmes ; leurs auditeurs ignorent de quoi ils parlent. Ils ne le disent pas. Leurs propos ne sont pas clairs.

Au chapitre sept, nous avons donné un moyen de faire des causeries courtes pour inciter à l'action. Maintenant je vais vous dire comment faire pour vous exprimer clairement quand vous voulez informer. Nous faisons plusieurs fois par jour des causeries pour informer, lorsque nous donnons des directives, des explications ou faisons des rapports. Parmi tous les genres de conférences données chaque semaine, un peu partout, celles qui informent viennent après celles qui incitent à l'action ou veulent convaincre. Pourtant, il faut d'abord s'exprimer clairement pour faire agir les autres. Owen D. Young, un grand industriel américain, insiste sur l'importance de la clarté dans notre monde moderne.

> Celui qui développe son aptitude à se faire comprendre des autres ouvre par là même la voie pour se rendre utile. Dans notre société où la coopération des hommes s'applique aux choses les plus simples, il est d'abord indispensable qu'ils se comprennent. Le langage est notre principal moyen de communication ; nous devons donc apprendre à nous en servir avec discernement.

Dans ce chapitre, des suggestions vous aideront à avoir un langage si clair que votre auditoire n'aura aucune difficulté à vous comprendre. « Tout ce qui peut être pensé, a dit Ludwig Wittgenstein, peut l'être clairement. Tout ce qui peut être dit, peut l'être clairement. »

Premièrement : Limitez votre exposé au temps qui vous est imparti.

Dans un de ses cours destinés aux professeurs, William James fit remarquer qu'on ne pouvait traiter qu'un point dans une conférence, et la conférence à laquelle il faisait allusion durait une heure. Cependant, j'ai récemment entendu un orateur, dont le temps était strictement limité à trois minutes, commencer en disant qu'il voulait attirer notre attention sur onze points ! Seize secondes et demie pour chacun des aspects du sujet ! Il semble incroyable, n'est-ce pas, qu'un homme intelligent se lance dans un exploit aussi manifestement absurde. Bien sûr, c'est là un cas extrême, mais la tendance à se répandre de la sorte est le défaut de la plupart des débutants. Ils ressemblent au guide de chez Cook qui voudrait faire visiter Paris en une journée. C'est possible, comme de parcourir le muséum d'Histoire naturelle en trente minutes.

Mais sans plaisir ni profit. Beaucoup de discours manquent de clarté, parce que l'orateur semble vouloir établir une performance en épuisant son sujet en un temps record. Il saute d'un point à un autre avec la vitesse et l'agilité d'une chèvre des montagnes.

Si, par exemple, vous devez parler des syndicats, n'essayez pas de dire en trois ou six minutes comment ils ont été créés, les méthodes qu'ils emploient, le bien qu'ils font, le mal dont ils sont cause et comment résoudre les conflits sociaux. Non et non. Si vous tentez de le faire, personne ne saura au juste ce que vous aurez dit. Tout sera confus, embrouillé, et donnera l'impression d'un simple canevas.

Ne serait-il pas plus sage de prendre un unique aspect des syndicats, et de le traiter en détail avec des exemples. Sans aucun doute. Ce genre de causerie laisse une impression nette, elle est aisée à entendre et à retenir.

Je me rendis un matin au siège d'une société dont je connaissais le directeur. Je trouvai sur la porte un nom inconnu. Le directeur du personnel, un vieil ami à moi, m'expliqua pourquoi. « Son nom a eu raison de lui, dit mon ami.

— Son nom ? N'était-ce pas un des Jones qui dirigent la firme ?

— Je veux parler de son surnom, on l'appelait « Où est-il maintenant ? » Tout le monde lui donnait ce sobriquet. Il n'a pas duré longtemps, la famille a mis un cousin à sa place. Il ne s'était jamais intéressé au travail. Il venait passer la journée au bureau, mais à quoi faire ? Il se promenait de-ci de-là, dans les services. Il déplaçait de l'air. Il croyait plus important de vérifier si un employé éteignait bien l'électricité ou si une dactylo ramassait un trombone que d'étudier une campagne de vente. Il n'était pas souvent dans son bureau. C'est pourquoi nous l'appelions « Où est-il maintenant ? »

M. Jones me rappelle les nombreux orateurs qui auraient pu mieux réussir s'ils avaient su se discipliner, au lieu d'essayer, comme lui, de se disperser sur un programme trop chargé. Vous en avez sûrement entendu. Au milieu de leur discours, ne vous êtes-vous pas demandé : « Où veut-il en venir maintenant ? »

Mêmes des conférenciers chevronnés commettent cette erreur. Peut-être que le fait qu'ils soient compétents dans de nombreux domaines, les aveugle sur le danger qu'il y a à se disperser. Ne leur ressemblez pas. Ne perdez pas de vue votre thème principal si vous voulez être clair. Vos auditeurs doivent toujours pouvoir se dire : « Je le comprends. Je vois ce qu'il veut dire ! »

Deuxièmement : Classez vos idées dans un enchaînement logique.

Presque tous les sujets peuvent être traités dans un ordre logique, fondé sur le temps, l'espace ou leurs aspects particuliers. Pour le temps, par exemple, vous pouvez considérer la question sous trois aspects : le passé, le présent ou le futur. Vous pouvez aussi partir d'une date déterminée, revenir en arrière, ou la dépasser. Si vous parlez de la fabrication, vous commencez par la matière première, puis les différentes étapes de transformation et vous terminez par le produit manufacturé. L'importance des détails dépendra naturellement du temps dont vous disposerez.

Si vous classez vos idées dans l'espace, vous partez d'un point central pour aller dans une direction déterminée, ou bien vous étendez votre thème du nord au sud et d'est en ouest. Si vous voulez décrire la ville de Washington, vous conduirez vos auditeurs au sommet du Capitole et indiquerez les monuments intéressants qui se trouvent dans les différentes directions. Si vous parlez d'un avion ou d'une automobile, il vaut mieux parler séparément des différentes parties.

Certains sujets ont un plan préétabli, c'est ainsi que pour expliquer la structure du gouvernement des Etats-Unis, il vous sera facile de suivre son organisation et de décrire ses fonctions, législative, exécutive et judiciaire.

Troisièmement : Numérotez vos idées à mesure que vous les développez.

Le moyen le plus simple de faire une causerie bien construite est de mentionner simplement chaque point l'un après l'autre, au cours de votre exposé.

« Mon premier point est... » : vous pouvez être aussi net que cela. Quand le premier point est épuisé, vous pouvez dire franchement que vous passez au second, et continuer ainsi jusqu'à la fin.

Le docteur Ralph J. Bunche, alors assistant du secrétaire général des Nations Unies, commença une conférence importante, parrainée par le City Club de Rochester, Etat de New York, de cette manière directe :

« J'ai choisi de vous parler ce soir de la gageure des relations humaines, pour deux raisons... » et il enchaîna immédiatement : « En premier lieu... », puis : « En second lieu... » Tout au long de sa conférence, il prit soin de faire sentir à ses auditeurs qu'il les menait point par point à sa conclusion :

« Nous ne devons jamais perdre confiance en la tendance naturelle de l'homme vers le bien. »

La même méthode fut appliquée avec succès par un économiste, Paul H. Douglas, devant une commission interparlementaire du Congrès, sur les moyens de stimuler les affaires à une époque où elles faiblissaient partout dans le pays. Il parlait, à la fois comme expert des questions fiscales et comme sénateur de l'Illinois :

« Mon programme, commença-t-il, est le suivant : le moyen le plus rapide et efficace est de réduire les impôts des petites et moyennes entreprises, c'est-à-dire pour la classe sociale qui tend à dépenser entièrement ses revenus...

« Plus précisément... continua-t-il.

« De plus...

« Il y a trois raisons principales : 1°... 2°... 3°...

« En résumé, ce dont nous avons besoin, c'est d'une réduction des impôts pour les classes les moins favorisées afin d'augmenter le pouvoir d'achat. »

Quatrièmement : Comparez ce qui est nouveau avec ce qui est familier.

Il vous arrive parfois de rencontrer des difficultés à vous faire comprendre. Cela est clair dans votre esprit mais demande des explications pour l'être également dans celui de vos auditeurs. Que faire ? Cherchez une comparaison que le public comprendra, rattachez ce qui lui est inconnu à quelque chose qui lui soit familier.

Supposez que vous parliez de la catalyse, une des applications de la chimie dans l'industrie. C'est une substance qui en transforme d'autres sans changer elle-même. C'est assez simple, mais ne vaut-il pas mieux donner l'explication suivante :

« C'est comme un petit garçon qui, dans la cour de l'école, trotte, bouscule, renverse, pousse les autres enfants sans jamais être touché lui-même. »

Des missionnaires eurent à faire face à ce problème. Ils devaient traduire la Bible dans le dialecte des tribus de l'Afrique Equatoriale. Devaient-ils le faire littéralement ? Dans ce cas les mots n'auraient aucun sens pour les indigènes. Par exemple, ils auraient pu écrire selon le texte :

« Bien que vos péchés soient comme l'écarlate, ils deviendront aussi blancs que la neige », mais les indigènes ignoraient tout de la neige. En revanche, ils grimpaient souvent aux cocotiers pour les secouer et faire tomber les fruits. Les missionnaires transposèrent l'inconnu en images qui leur soient familières et écrivirent :

« Bien que vos péchés soient comme l'écarlate, ils deviendront aussi blancs que la pulpe des noix de coco. »

En l'occurrence, il aurait été difficile de trouver mieux !

Transformez un fait en image

A quelle distance se trouve la lune ? le soleil ? l'étoile la plus proche ? Les savants répondent avec des chiffres astronomiques. Mais les vulgarisateurs savent que ces chiffres ne veulent rien dire pour le grand public. Aussi les transforment-ils en images.

Le célèbre savant Sir James Jeans était particulièrement frappé par l'intérêt des hommes pour l'exploration de l'univers. Expert en la matière, il connaissait les mathématiques, mais il savait aussi qu'en écrivant ou en parlant, il serait mieux compris s'il ne citait pas trop de chiffres.

Notre soleil et les planètes qui nous environnent sont si proches que nous ne réalisons pas combien les autres systèmes stellaires sont loin. James Jeans l'expliqua dans son livre : *L'Univers autour de nous.* « L'étoile la plus proche (Proxima du Centaure), est à 25 000 000 de milles », écrivait-il, et pour rendre ce chiffre plus frappant, il expliqua que si l'on quittait la terre à la vitesse lumière de 186 000 milles à la seconde, il faudrait quatre ans et trois mois pour atteindre Proxima du Centaure.

Il permit ainsi de se faire une idée plus exacte de l'immense éloignement des étoiles. On ne peut en dire autant d'un orateur qui, pour indiquer une chose aussi simple que les distances en Alaska, dit que la superficie de cet Etat est de 590 804 milles carrés et rien de plus.

Avez-vous une idée plus juste de la surface du quarante-neuvième Etat des Etats-Unis ? Moi, pas. Pour concevoir son étendue, j'ai dû apprendre d'une autre source que la surface de l'Alaska était à elle seule la somme des Etats suivants : Vermont, New Hampshire, Maine, Massachusetts, Rhode Island, Connecticut, New York, New Jersey, Pennsylvanie, Delaware, Maryland, West Virginie, Caroline du Nord, Caroline du Sud, Georgie, Floride, Tennessee et Mississipi. Maintenant les 590 804 milles carrés cités sont plus parlants, n'est-ce pas ? Vous réalisez qu'en Alaska il y a de la place pour circuler.

Il y a quelques années, un participant décrivit le taux effarant des accidents mortels sur les grandes routes, en ces termes évocateurs : « Quand vous conduisez sur la route allant de New York à Los Angeles, au lieu de bornes, imaginez des cercueils alignés chacun contenant une victime de l'hécatombe de l'an dernier. En accélérant, votre voiture passe devant chacune de ces bornes macabres toutes les cinq secondes, car il y en a douze par mille d'un bout à l'autre du pays ! »

Je n'ai jamais plus conduit une voiture à vive allure sans que cette image si saisissante me revienne en mémoire.

Pourquoi ? Parce que ce que nous entendons se retient difficilement. Les impressions auditives s'envolent comme les feuilles au vent d'automne. Mais les impressions visuelles nous pénètrent comme les boulets de canon tirés par l'artillerie de Napoléon à la bataille d'Ulm se sont incrustés dans une vieille maison du bord du Danube. Elles pénètrent dans notre esprit, et chassent tout ce qui leur est opposé, comme Bonaparte chassa les Autrichiens.

Evitez les termes techniques

Si vous appartenez à une profession libérale très spécialisée, si vous êtes avocat, médecin, ingénieur, faites doublement attention, quand vous vous adressez à des personnes qui ne sont pas du métier, à vous exprimer en termes courants et à donner les détails nécessaires.

Mon activité professionnelle m'a fait entendre des centaines de discours qui étaient mauvais à cause de cela. Les orateurs ne se rendaient pas compte que le public ignorait tout de leur spécialité. Aussi qu'advenait-il ? Ils erraient, faisaient des phrases très techniques, remuaient des idées claires pour les initiés, mais pour les autres c'était aussi bourbeux que le Mississipi en crue.

Que doivent faire ces orateurs ? Il leur faut lire et méditer ce conseil de Beveridge, ancien sénateur de l'Indiana :

> Repérez dans votre auditoire la personne qui semble la moins intelligente, et essayez de l'intéresser, ce qui n'est possible que si votre pensée et vos affirmations sont claires. Ou encore, adressez-vous à un enfant qui aurait accompagné ses parents.
>
> Dites-vous et même dites-le à votre auditoire, si vous le voulez, que vous vous efforcerez d'être si clair, qu'un enfant puisse vous comprendre et soit capable de répéter ce que vous avez dit.

Un médecin dans un de nos cours dit : « La respiration diaphragmatique grâce à l'action péristaltique qu'elle exerce sur les intestins se révèle d'un grand bienfait pour la santé. » Il allait poursuivre quand l'animateur l'arrêta et demanda, à ceux qui savaient en quoi la respiration diaphragmatique différait des autres respirations, pourquoi elle était particulièrement bénéfique et ce qu'était le péristaltisme, de lever la main. Les réponses stupéfièrent le médecin. Il reprit ses explications de la façon suivante :

> « Le diaphragme est un muscle mince qui sépare la cage thoracique et la base des poumons de la cavité abdominale. Au repos ou pendant la respiration thoracique, il se cambre et ressemble à une cuvette retournée.
>
> « Dans la respiration abdominale au contraire, il s'aplatit, et vous sentez vos muscles abdominaux se tendre. Cette pression vers le bas du diaphragme masse en quelque sorte l'estomac, le foie, le pancréas, la rate et le plexus solaire.
>
> Quand vous expirez de nouveau, l'estomac et l'intestin sont projetés contre lui et bénéficient de son massage. Ce qui favorise le processus d'élimination.
>
> Beaucoup de maladies sont dues au mauvais fonctionnement de l'intestin. Les indigestions, constipations et auto-intoxications disparaîtraient presque si l'estomac et l'intestin fonctionnaient bien grâce à la profonde respiration diaphragmatique.

Il est bon d'aller du simple au complexe avec des explications. Supposons par exemple que vous expliquiez à des ménagères pourquoi leurs réfrigérateurs doivent être dégivrés. Voici la mauvaise façon de vous y prendre :

> Le principe de la réfrigération repose sur le fait que l'évaporateur pulse l'air chaud à l'intérieur de l'appareil. L'humidité qui en résulte se fixe sur l'évaporateur et forme une couche de givre qui finit par isoler l'évaporateur et demande une puissance plus forte du moteur pour compenser l'épaisseur du givre.

Voyez maintenant combien il est plus facile de faire comprendre ces explications si elles sont données avec des détails de la vie journalière :

> Vous savez où se trouve le freezer dans votre réfrigérateur. Vous savez également qu'il s'y forme du givre. Tous les jours la couche de glace devient plus épaisse, et il vous faut dégivrer pour maintenir le réfrigérateur en bon état de marche. Le givre sur le freezer est comme une couverture sur un lit, ou comme un panneau isolant dans votre maison : plus la couche est épaisse et plus le freezer peine pour chasser l'air chaud du réfrigérateur, et maintenir le froid. Le moteur doit tourner davantage ! Avec un dégivreur automatique, le givre ne constituera plus une couche épaisse, et le moteur peinera moins et moins longtemps.

Aristote a très bien dit : « Pensez en homme cultivé, mais parlez en homme du peuple. » Si vous devez employer un mot technique, ne le faites qu'après l'avoir expliqué, pour que tout le monde le comprenne, et cela surtout pour les mots clefs que vous répétez souvent.

J'ai entendu un agent de change s'adresser à des femmes désireuses de connaîtres les principes des investissements. Il se servait de mots simples et mettait ses interlocutrices à l'aise. Ses propos étaient clairs, sauf malheureusement les termes de métier. Il parlait de « chambre de compensation », de « double option », de « remboursements hypothécaires », de « vente au comptant ou à terme ». Ce qui aurait pu être intéressant devint un rébus parce qu'il ne s'était pas rendu compte que ses auditrices n'étaient pas habituées à ces termes de métier.

Il n'y a pas de raison d'éviter un terme technique. Mais expliquez-le immédiatement.

Voulez-vous parler de la publicité radiophonique ? des motifs d'achats ? des beaux arts ? de la comptabilité ? des subventions gouvernementales ? des automobiles qui roulent du mauvais côté ? Voulez-vous disserter sur l'éducation des enfants ou sur le système LIFO qui évalue les stocks d'inventaire ? Assurez-vous d'abord que vos auditeurs comprennent vos mots techniques et leur donnent le même sens que vous.

Cinquièmement : Utilisez des aides visuelles.

Les nerfs qui relient les yeux au cerveau sont plus gros que les nerfs des oreilles, et l'expérience nous apprend que nous sommes plus impressionnés par les images que par les sons.

« Voir une fois, dit un proverbe japonais, vaut mieux que d'entendre cent fois. »

Si vous voulez être clair, imagez vos idées. C'était la méthode de John H. Patterson, fondateur de la National Cash Register Company. Il écrivit un article dans le *System Magazine* pour dire comment il s'adressait à ses ouvriers et à ses vendeurs :

> J'affirme que la parole seule ne suffit pas pour se faire comprendre, susciter et retenir l'attention. Il faut faire appel à la vue. Chaque fois que cela est possible, il faut se servir d'images pour démontrer la bonne et la mauvaise méthode. Le schéma convainc plus que les mots et les images sont plus évocatrices que le schéma. Dans une présentation idéale, chaque partie du sujet devrait être illustrée, et les mots ne serviraient qu'à lier les images entre elles. J'ai appris très tôt dans mes rapports avec les hommes que l'image avait plus de valeur que tout ce que je pouvais dire.

Si vous utilisez une carte ou un schéma, assurez-vous qu'ils sont assez grands pour être bien vus, mais n'en abusez pas. Voir une succession de graphiques est ennuyeux. Si vous faites un schéma, au cours de votre exposé, qu'il soit rapide et sommaire ; le public ne s'attend pas à un chef-d'œuvre. Utilisez des abréviations, écrivez gros et lisiblement tout en continuant de parler, et retournez-vous vers le public.

Si vous vous servez de documents, pour appuyer vos dires, suivez ces conseils et vous capterez l'attention.

1. Ne montrez vos documents qu'au moment de vous en servir.
2. Utilisez des objets assez volumineux pour être vus jusqu'au dernier rang. Vos auditeurs ne peuvent apprendre quelque chose d'une démonstration que s'ils la voient.
3. Ne faites jamais circuler de document dans la salle pendant que vous parlez. Pourquoi créer de la dispersion ?
4. Levez le document pour que tout le monde le voie.
5. Souvenez-vous qu'un objet animé en vaut dix inertes. Faites une démonstration du fonctionnement si cela est possible.
6. Ne regardez pas l'objet que vous montrez. C'est avec l'auditoire que vous devez établir le contact et non avec ce que vous montrez.
7. Quand vous n'avez plus besoin de votre objet, mettez-le de côté.
8. Si l'objet dont vous allez vous servir s'y prête, mettez-le sur une table à côté de vous, et couvrez-le. En parlant, faites-y allusion afin d'éveiller la curiosité, mais ne dites pas de quoi il s'agit. Aussi lorsque vous serez prêt à le dévoiler, vous aurez « créé un suspense » et suscité un véritable intérêt.

Les aides visuelles sont de plus en plus employées pour aider à la compréhension. Le meilleur moyen de s'assurer que l'auditoire vous comprendra est de lui montrer ce que vous lui expliquez.

Deux présidents des Etats-Unis, tous deux maîtres en l'art oratoire, ont affirmé que pour eux être clair résultait de l'entraînement et de la discipline. Lincoln a dit : « Nous devons rechercher la clarté sans relâche. » Il a raconté au docteur Gulliver, président du Knox College, comment il s'y était astreint dès sa jeunesse.

Parmi mes plus vieux souvenirs, je me rappelle combien je

m'irritais, quand, tout enfant, on me parlait en termes que je ne comprenais pas. Je ne pense pas m'être jamais mis en colère pour d'autres raisons, mais cela m'a toujours mis hors de moi. Je me souviens être monté dans ma petite chambre, un soir, après avoir entendu des voisins discuter avec mon père, et avoir passé une grande partie de la nuit à marcher de long en large, en essayant de trouver le sens exact de leurs paroles obscures. J'essayais de m'endormir, mais je n'y arrivais pas, tant je pourchassais une idée et je la répétais jusqu'à ce que je réussisse à la traduire en un langage suffisamment clair pour être compris d'un petit garçon. C'était un véritable plaisir ; il ne m'a jamais quitté.

Le président Woodrow Wilson a écrit de son côté ces mots de mise en garde qui donneront la note pour terminer ce chapitre :

Mon père était un homme d'une grande rigueur intellectuelle. Je lui dois le meilleur de ma formation. Il était intraitable sur l'imprécision, et depuis le jour où j'ai commencé à écrire jusqu'à sa mort en 1903, à l'âge de 81 ans, je lui ai toujours montré ce que j'avais écrit. Il me le faisait lire à haute voix, ce qui m'était toujours très pénible. De temps à autre il m'arrêtait : « Que veux-tu dire là ? » Je le lui disais et, le faisant, je m'exprimais plus simplement que je ne l'avais fait sur le papier : « Pourquoi ne pas le dire ainsi ?... Ne tire pas sur ton idée avec des plombs à moineaux, tu la disperserais dans toutes les directions. Tire avec un bon fusil à balles en plein dans ce que tu as à dire. »

CHAPITRE IX

COMMENT FAIRE UNE CAUSERIE POUR CONVAINCRE

UN PETIT GROUPE D'HOMMES ET DE FEMMES SE TROUVÈRENT PRIS, un jour, dans un ouragan. Non un véritable cyclone, mais presque. Un ouragan nommé Maurice Goldblatt. Voici comment une des présentes le décrit :

Nous nous trouvions réunis autour d'une table de banquet, à Chicago. Nous savions que cet homme avait la réputation d'être brillant et nous attendions tous avec impatience ce qu'il allait dire.

C'était un homme agréable, d'âge moyen, à la mise soignée. Il commença gentiment par nous remercier de l'avoir invité. Il voulait nous parler d'une chose sérieuse, dit-il, et il espérait que nous lui pardonnerions s'il nous choquait.

Puis, tel un tourbillon, il éclata. Se penchant en avant il nous fixa. Il n'éleva pas la voix, mais j'eus l'impression qu'elle retentissait comme un gong.

« Regardez autour de vous, dit-il. Regardez-vous ! Savez-vous combien de ceux qui sont assis à cette table, dans cette pièce, sont condamnés à mourir d'un cancer ? Un sur quatre de ceux qui ont plus de quarante-cinq ans. Un sur quatre ! »

Il s'arrêta et son visage s'illumina. « C'est la cruelle vérité. Mais ce ne sera pas toujours vrai. On peut y remédier en progressant dans le traitement du cancer et dans la recherche de sa cause. »

Il nous regarda sérieusement. Son regard parcourut la table : « Voulez-vous aider ce progrès ? »

Pouvions-nous donner une autre réponse que « oui » ?

En moins d'une minute, Maurice Goldblatt nous avait conquis. Il nous avait fait comprendre que le problème qui le préoccupait nous concernait tous personnellement. Il nous avait gagnés à la campagne qu'il avait entreprise pour sa grande œuvre humanitaire.

Obtenir une réaction favorable a été de tous temps et en tous lieux, l'objectif principal d'un orateur. En l'occurrence, M. Goldblatt avait un mobile particulier pour nous gagner à sa cause. Son frère Nathan et lui, avec presque rien, avaient créé une chaîne de magasins à succursales multiples, au chiffre d'affaires fabuleux de 100 000 000 de dollars par an. Mais ce succès ne leur était venu qu'après de longues et dures années et Nathan était mort d'un cancer après une brève maladie. Maurice Goldblatt résolut alors d'offrir un premier million de dollars à l'université de Chicago pour la recherche sur le cancer. Il se retira des affaires et consacra tout son temps à intéresser le public à la lutte contre le cancer.

Tout cela, joint à sa personnalité, nous avait prédisposés en sa faveur. Sa sincérité, sa conviction, son enthousiasme et la façon dont il s'était livré à nous pendant quelques minutes, comme il se livrait, tout au long de l'année, à sa grande cause, nous inspirèrent un vif sentiment de solidarité pour l'orateur, de la sympathie pour son œuvre, et le désir de l'aider. »

Premièrement : Gagnez la confiance en la méritant.

Quintilien a défini l'orateur : « Un homme de bien, sachant parler. » Par « homme de bien » il entendait un homme sincère et honnête. Tout ce qui a été écrit ici, tout ce qui le sera plus loin, ne peut remplacer ces règles essentielles de l'efficacité oratoire. Pierpont Morgan affirme que l'honnêteté est le meilleur moyen d'obtenir du crédit. C'est aussi le meilleur moyen de gagner la confiance de l'auditoire.

« La sincérité avec laquelle parle un homme, dit Alexandre

Woolcott, donne à sa voix un air de vérité impossible à feindre. »

Quand le but de la causerie est de convaincre, il est spécialement nécessaire de nous exprimer avec la flamme de la conviction sincère. Il faut être convaincu pour convaincre les autres.

Deuxièmement : Obtenez une réponse affirmative.

Walter Dill Scott, ancien recteur de l'université du Nord-Ouest, disait : « Chaque idée, chaque conclusion qui pénètrent dans l'esprit est tenue pour vraie, tant qu'elle n'est pas arrêtée par une pensée contraire. » Cela doit amener à conserver un auditoire bien disposé. Mon bon ami, le professeur Harry Overstreet, a brillamment analysé ce phénomène mental dans une conférence à la Nouvelle Ecole de Recherche sociale de New York.

> L'orateur habile obtient, dès le début, l'accord de son auditoire sur un certain nombre de points, actionnant ainsi un processus psychologique qui entraîne ses auditeurs dans une direction positive. C'est comme le mouvement d'une boule de billard : lancez-la dans une direction, il faudra plus de force pour la faire dévier et une force encore plus grande pour la faire reculer.
>
> Le déroulement psychologique est très clair. Quand une personne dit « non » et le pense vraiment, elle fait plus que de prononcer un mot de trois lettres. Son organisme entier, glandulaire, nerveux et musculaire, se contracte dans unc attitude de rejet. Habituellement, cette rétraction physique est imperceptible, mais quelquefois elle peut être visible. Tout le système neuro-musculaire se dresse contre un acquiescement. Au contraire, quand quelqu'un dit « oui », son attitude n'est plus défensive, mais au contraire détendue et consentante. Plus nous aurons de « oui » dès le début, plus il sera facile de gagner l'attention en faveur de la proposition finale.
>
> Obtenir des réponses affirmatives est une technique très simple, et cependant combien négligée ! C'est à croire que certains orateurs imaginent se rendre importants en se présentant comme contradicteurs. Un radical participant à une réunion politique avec des conservateurs fera immédiatement tout pour les rendre furieux. Qu'en résultera-t-il de bon ? S'il le fait par plaisir et pour s'amuser, on l'excusera. Mais s'il veut obtenir un résultat positif, il n'est qu'un sot.

Braquez contre vous un client, un enfant, un mari ou une épouse, et il faudra la sagesse et la patience d'un ange pour transformer ce pôle négatif en pôle positif.

Comment obtenir ces fameux « oui » dès le début d'une causerie ? Très simplement. « Le meilleur moyen d'ouvrir un débat et de gagner une manche, a dit Lincoln, est de trouver d'abord un terrain d'entente. » Ce terrain, il sut, lui, toujours le trouver, même pour un sujet aussi brûlant que l'esclavage. « Pendant la première demi-heure, rapporte le *Mirror*, un journal neutre, commentant un de ses discours, ses adversaires approuvaient chacune de ses paroles, puis il les amenait peu à peu à son point de vue, et les entraînait tous dans son sillage. »

N'est-il pas évident que l'orateur qui discute avec ses auditeurs ne fait que provoquer leur entêtement s'il les met sur la défensive et dans l'impossibilité de changer d'avis ? Est-il sage de commencer par dire : « Je vais vous prouver ceci et cela » ? Les auditeurs ne relèveront-ils pas le défi et ne répondront-ils pas *in petto* : « Nous allons bien voir ! »

N'est-il pas plus bénéfique d'insister au début sur le point sur lequel vous êtes en accord avec vos auditeurs, puis de soulever une question pertinente à laquelle tout le monde aimerait répondre. Puis, avec l'auditoire, vous recherchez sincèrement la réponse. Dans cette recherche, présentez les faits avec tant d'évidence, qu'ils accepteront vos conclusions, comme étant les leurs. Ils croiront davantage en une vérité qu'ils penseront avoir découverte seuls. « Le meilleur argument est celui qui a l'air d'une simple explication. »

Dans toute controverse, quelle que soit son importance, il y a toujours un terrain d'entente sur lequel on peut se rencontrer. Par exemple, le 3 février 1960, Harold Macmillan, premier ministre de Grande-Bretagne, s'adressa aux deux Chambres du parlement de l'Union sud-africaine. Il devait défendre la politique antiraciale du Royaume-Uni à une époque où la ségrégation était en honneur dans ce pays. Commença-t-il par ce point de vue opposé ? Non. Il souligna les grands progrès économiques réalisés par l'Afrique du Sud, sa contribution dans le monde, puis, avec tact, il parla de leurs divergences d'opinion. Même là il assura qu'il était très conscient que ces divergences ne provenaient que de leurs convictions sincères. Son discours tout entier fut une déclaration magistrale, rappelant celle que Lincoln fit en termes aussi modérés et aussi fermes, un an avant Fort Sumter. « Comme membre du Commonwealth, dit le premier ministre, notre désir le plus sincère est d'apporter à l'Afrique du Sud notre aide et nos encouragements, mais j'espère que vous ne m'en voudrez pas de vous dire franchement que certains aspects de votre politique nous mettent dans l'impossibilité de le faire, sans trahir nos convictions profondes quant aux destinées politiques des hommes libres. Je pense que nous devons, en amis, reconnaître ensemble, sans chercher à établir qui a tort ou qui a raison, que dans le monde actuel, il existe cette différence de conception entre nous. »

Quelle que soit la divergence d'opinions, une telle déclaration aura toujours pour effet d'établir la bonne foi de l'orateur.

Que serait-il advenu si Macmillan avait immédiatement mis l'accent sur les désaccords au lieu d'insister sur leurs points communs ? Le professeur James Harvey Robinson, dans son livre, *The Mind in the Making,* donne la réponse à cette question :

> Il arrive parfois que nous changions d'opinion sans avoir rencontré d'opposition ou sans y être poussés, mais si on nous dit que nous avons tort, nous sommes irrités et nous nous entêtons. Nous sommes incroyablement légers dans la formation de nos convictions, mais il suffit qu'on veuille nous persuader qu'elles sont fausses pour que nous devenions ardents à les défendre. Ce ne sont évidemment pas les idées elles-mêmes que nous chérissons mais notre amour-propre qui est menacé. Le possessif *ma* ou *mon* est le mot le plus important des affaires humaines et en tenir compte est le commencement de la sagesse. Il a la même valeur pour désigner *mon* dîner, *mon* chien, *ma* maison, *ma* foi, *mon* pays ou *mon* Dieu. Nous nous irritons, non seulement, si on nous dit que notre montre marche mal ou que notre voiture est démodée, mais encore si l'on prétend que nos conceptions sur les canaux de Mars, la prononciation du mot « Epictète », la vertu médicinale de l'aspirine, ou les dates de Sargon Ier, devraient être révisées. Nous aimons continuer à croire ce que nous avons l'habitude de considérer comme vrai, et le ressentiment qui s'empare de nous quand on jette le doute sur une quelconque de nos prétentions, nous conduit à chercher toutes les excuses possibles pour nous y accrocher. Presque tous nos prétendus raisonnements n'ont que le but de trouver des arguments pour continuer à croire ce que nous avons déjà admis.

Troisièmement : Parlez avec un enthousiasme contagieux.

L'esprit de contradiction se manifestera moins dans l'auditoire si l'orateur s'exprime avec un enthousiasme contagieux. Je dis « contagieux » car c'est précisément le propre de l'enthousiasme. Il rejette tout ce qui est négatif ou opposé. Quand vous voulez convaincre, rappelez-vous qu'il est plus efficace de faire appel aux émotions qu'à l'intelligence. Les sentiments sont plus puissants que les froides idées, et pour les éveiller il faut être profondément sincère. Quelles que soient les phrases d'un orateur, les exemples qu'il apporte, l'harmonie de sa voix, la grâce de ses gestes, s'il ne parle pas avec sincérité, tout cela n'est que brillant artifice. Si vous voulez soulever votre auditoire, soyez convaincu. Vos convictions mettront de l'éclat dans vos yeux, de la force dans votre voix et se manifesteront par une ardeur communicative.

Chaque fois que vous parlez et surtout quand vous voulez convaincre, votre comportement détermine l'attitude de vos auditeurs. Si vous êtes chaleureux, ils le seront aussi, si vous êtes désinvolte et agressif, ils le seront également. « Si les paroissiens s'endorment, a écrit Henry Ward Beecher, il n'y a qu'une chose à faire : que le bedeau pique le prédicateur avec un bâton pointu ! »

J'ai été un jour un des trois membres du jury qui décernait la médaille Curtis à l'université de Columbia. Il y avait une demi-douzaine d'étudiants, bien entraînés et désireux de faire de leur mieux. Mais à une seule exception près, ils n'avaient qu'un but : gagner la médaille. Ils ne cherchaient pas à convaincre.

Ils avaient choisi leur sujet uniquement parce qu'il permettait des effets oratoires. Ils ne s'intéressaient nullement aux arguments qu'ils donnaient, et leurs discours n'étaient que des exercices de style.

L'exception était un prince zoulou. Il parla de « La contribution de l'Afrique à la civilisation moderne ». Chacune de ses paroles venait du cœur. Son discours n'était pas un simple exercice, mais quelque chose de vivant. Il était convaincu et enthousiaste. Il parla en représentant de son peuple et de son continent, avec sagesse, honnêteté et bonne volonté. Il nous entretint des espoirs de son peuple et fit appel à notre compréhension.

La médaille lui fut attribuée bien qu'il ne parlât pas mieux en public que deux ou trois de ses concurrents. Comme juges, nous avons voulu récompenser l'éclat de sa sincérité. En comparaison, les autres discours étaient ternes.

Le prince avait appris seul dans son lointain pays qu'on ne peut projeter sa personnalité dans un discours à l'aide de sa seule intelligence. Il faut aussi faire sentir aux autres combien on croit à ce qu'on dit.

Quatrièmement : Montrez du respect et de la sympathie pour votre auditoire.

La nature humaine exige l'amour et le respect, déclara le docteur Norman Vincent Peale au début d'une conférence adressée à des comédiens. « Tout homme a le sentiment profond de sa valeur, de son importance et de sa dignité. Si vous blessez ses sentiments, vous sapez sa personnalité. Quand vous aimez et respectez une personne, vous la renforcez dans sa propre estime, et elle vous appréciera.

Je me suis trouvé un jour à passer au même programme qu'un fantaisiste. Je ne le connaissais pas très bien, mais depuis j'ai appris qu'il avait des difficultés et je crois savoir pourquoi.

J'étais assis tranquillement près de lui, attendant mon tour de prendre la parole :

« Vous n'avez pas le trac, n'est-ce pas ? me demanda-t-il.

— Mais si, lui dis-je, je suis toujours un peu ému avant de parler devant un public. J'ai un profond respect de l'auditoire, et la crainte de le décevoir me rend un peu nerveux. Pas vous ?

— Non, dit-il, il n'y a pas de raison. Le public se laisse toujours prendre. Les gens avalent n'importe quoi.

— Je ne suis pas de votre avis. Après tout c'est le public qui nous juge. »

Quand il lut que la popularité de cet homme baissait, le docteur Peale eut la certitude que cela était lié à son attitude : il se rendait hostile et ne cherchait pas à gagner la sympathie des autres.

Quelle leçon pour nous qui désirons communiquer quelque chose aux autres !

Cinquièmement : Commencez d'une manière amicale.

Un athée mit un jour William Paley au défi de réfuter qu'il

n'y avait pas d'Etre Suprême. Tranquillement Paley sortit sa montre, ouvrit le boîtier et dit : « Si je vous dis que ces rouages et ces ressorts se sont faits tout seuls, se sont ordonnés et se sont mis à fonctionner d'eux-mêmes, ne douteriez-vous pas de mon intelligence ? Bien sûr que si ! Regardez les étoiles, chacune a une course et un mouvement déterminé ; la terre et les planètes tournent autour du soleil à plus d'un million de kilomètres par jour. Chaque étoile est elle-même un autre soleil avec son groupe de planètes qui foncent dans l'espace comme notre propre système solaire. Et, cependant, il n'y a ni collision ni désordre, tout est parfaitement contrôlé. Est-il plus facile de croire que c'est un effet du hasard ou que quelqu'un a créé tout cela ? »

Supposez qu'il ait répondu : « Pas de Dieu ? Ne soyez pas stupide, vous ne savez pas ce que vous dites ! » que serait-il arrivé ? Sans doute une joute oratoire vaine et passionnée. L'athée aurait bondi pour défendre son opinion, avec toute la fureur d'un chat sauvage. Pourquoi ? Parce que, comme l'a démontré le professeur Overstreet, ses convictions et son précieux amour-propre étaient menacés. Son orgueil serait entré en jeu.

Comme l'orgueil est une des caractéristiques dominantes de la nature humaine, n'est-il pas plus sage de se concilier les bonnes grâces d'un homme que de se les aliéner ? Comment ? En démontrant, comme l'a fait Paley, que ce que nous croyons est assez semblable à quelque chose que notre adversaire a déjà admis. Il est alors plus facile pour lui d'accepter que de rejeter ce que vous avancez.

Paley montra avec quelle finesse il connaissait la nature humaine. Peu de gens ont le don d'entamer les convictions d'autres hommes en les traitant amicalement. Ils pensent, au contraire, que pour prendre cette citadelle ils doivent l'attaquer de front. Qu'arrive-t-il ? Dès que s'ouvrent les hostilités, le pont-levis est levé, les grandes portes sont verrouillées, les archers tendent leurs arcs, et en avant la bataille de mots et les blessures d'amour-propre. De telles luttes font toujours match nul. Personne n'a convaincu l'autre.

La méthode plus raisonnable que je préconise n'est pas nouvelle. Elle a été utilisée, il y a bien longtemps, par saint Paul, qui s'en servit dans son fameux discours aux Athéniens sur la colline d'Arès avec une adresse et une finesse qui font notre admiration après dix-neuf siècles. Saint Paul était un homme cultivé. Après sa conversion il devint le plus ardent propagateur du christianisme. Un jour il vint à Athènes — l'Athènes décadente après Périclès. Voici ce qu'en dit l'Ecriture : « Les Athéniens et les étrangers demeurant à Athènes passaient leur temps à dire ou à entendre quelque chose de nouveau. »

Comme il n'y avait ni radio, ni télégramme, les Athéniens d'alors devaient avoir du mal à dénicher des nouvelles fraîches tous les jours. Paul vint. Il apportait du nouveau. Ils s'assemblèrent autour de lui, amusés et curieux. En le conduisant à l'Aréopage, ils demandèrent : « Quelle est cette nouvelle doctrine dont tu as parlé ? Certaines choses nous sont inconnues et nous voudrions bien savoir ce que c'est. »

Autrement dit, les Athéniens l'invitèrent à parler. Paul accepta. En réalité, il était venu pour cela. Il prit probablement place sur une grosse pierre. Un peu nerveux, comme le sont les bons orateurs avant de parler, il dut s'essuyer les mains et tousser pour s'éclaircir la voix.

Cependant, il ne fut pas d'accord pour commencer comme ils l'en priaient, à parler de « nouvelles doctrines », de « choses inconnues ». C'était dangereux. Il dut couper court, car c'eût été ouvrir la voie à la contradiction. Il ne voulait pas parler de sa foi comme d'« une chose nouvelle et inconnue ». Au contraire, il voulait la rattacher, la relier à quelque chose qui faisait déjà partie de leurs croyances. Cela préviendrait la controverse. Mais comment faire ? Il réfléchit un moment, imagina un plan ingénieux et commença son discours célèbre : « Athéniens, il me semble qu'en toutes choses vous êtes superstitieux. »

Certains textes disent : « vous êtes très religieux », et je pense que cette seconde version est plus exacte. Ils adoraient plusieurs dieux. Ils étaient donc très pieux. Ils en étaient fiers. Paul leur faisait donc un compliment qui les flattait. Leur accueil devint plus chaleureux. Une des règles de l'art de parler en public, nous l'avons dit, est d'illustrer une idée par un fait. C'est ce que fit Paul : « En vous voyant prier, j'ai remarqué un autel avec l'inscription : « AU DIEU INCONNU ».

Ce qui prouve qu'ils étaient très religieux. Ils craignaient tant d'avoir oublié un dieu quelconque qu'ils avaient élevé un autel : « au dieu inconnu ». C'était une sorte de police d'assurance en blanc pour se prémunir contre tout oubli ou omission

involontaire. Paul, en mentionnant cet autel précis, montrait qu'il n'essayait pas de les flatter. Il faisait part de son observation.

Alors, avec une adresse consommée, il en vint à sa thèse : « C'est ce Dieu que vous adorez sans le connaître que je vous annonce ! »

« Nouvelle doctrine », « chose inconnue » ? Pas du tout ! Il n'était là que pour leur apprendre quelque chose sur un dieu qu'ils adoraient déjà sans le connaître. Quelle technique habile : comparer ce qu'ils ne connaissaient pas à ce qu'ils avaient déjà admis !

Il exposa ensuite sa doctrine de salut et de résurrection, cita au passage un de leurs poètes, et la cause fut gagnée. Certains de ses auditeurs se moquèrent de lui, mais le plus grand nombre vinrent lui dire : « Nous voulons t'entendre à nouveau parler de ce sujet. »

Lorsque nous faisons une causerie pour convaincre, nous voulons implanter une idée dans les esprits et écarter la contradiction. Celui qui réussit à le faire est capable d'influencer les autres. C'est là précisément que les conseils de mon livre *Comment se faire des amis* pourront vous être utiles.

Presque tous les jours, vous vous adressez à des personnes qui n'ont pas les mêmes idées que vous. N'essayez-vous pas constamment de les amener à votre manière de voir, chez vous, au bureau, ou ailleurs ? Peut-être pourriez-vous encore améliorer votre technique ? Comment vous y prenez-vous ? Avec le tact de Lincoln et de Macmillan ? Dans ce cas, vous êtes un fin diplomate et, de plus, vous êtes un sage. Il est bon de se rappeler les paroles de Woodrow Wilson : « Si vous venez me dire : « Asseyons-nous et causons. Si nous ne pensons pas la même chose, essayons de comprendre chacun nos points de vue, nous nous apercevrons vite que nos opinions ne sont pas si éloignées, que nous différons sur quelques points, mais que beaucoup de nos idées sont communes », si seulement nous avons la patience et le désir sincère de nous entendre, nous nous entendrons. »

CHAPITRE X

COMMENT FAIRE DES CAUSERIES IMPROMPTUES

IL Y A QUELQUE TEMPS DES REPRÉSENTANTS DE LA HAUTE FINANCE et des membres du gouvernement se réunirent pour inaugurer un nouveau laboratoire pharmaceutique. L'un après l'autre, cinq ou six membres du Centre de recherches parlèrent du travail passionnant accompli par les chimistes et les biologistes. Ils expérimentaient de nouveaux vaccins, de nouveaux antibiotiques, de nouveaux tranquillisants. Les résultats, d'abord sur les animaux, puis sur les hommes, étaient étonnants.

« C'est merveilleux, dit un membre du gouvernement au directeur du Centre de recherches, vos chercheurs sont de vrais magiciens. Mais pourquoi n'avez-vous pas pris la parole vous-même ?

« Je suis incapable de parler en public », répondit-il d'un air sombre.

Un peu plus tard, le président de la réunion le prit à l'improviste.

« Nous n'avons pas eu le plaisir d'entendre notre directeur du Centre de recherches, dit-il. Il n'aime pas les discours officiels, mais je vais lui demander de nous dire quelques mots. »

Ce fut lamentable. Il se leva et ne put prononcer plus de deux phrases. Il s'excusa de ne pas en dire plus. Ce fut toute sa contribution à la réunion.

C'était pourtant un homme compétent dans son domaine, mais en l'occurrence, il fut aussi embarrassé et confus qu'un homme peut l'être. Il aurait pu éviter cette situation désagréable en apprenant à parler d'une manière impromptue. Je n'ai pas souvenance d'un seul participant à nos cours sérieux et décidé qui n'y soit parvenu. Au début, éviter l'erreur de notre directeur : il faut refuser de se tenir pour battu, puis, pendant un certain temps peut-être, s'y exercer avec une détermination farouche, quelque pénible que cela puisse être.

« Tout va bien quand j'ai préparé et répété mon discours, me direz-vous, mais je cherche mes mots si on me demande de parler à l'improviste. »

Pouvoir rassembler ses idées et parler selon l'inspiration du moment, est plus utile en un sens qu'être capable de parler après une longue et minutieuse préparation. Les exigences du monde moderne des affaires, la fréquence et la simplicité des communications nous obligent à être prompts en pensées et en paroles. Beaucoup de décisions importantes dans l'industrie ou au gouvernement ont été prises à une table de conférence. L'individu a encore son mot à dire, mais il doit le faire admettre par un groupe. Et c'est là que l'aptitude à parler impromptu a son importance, si l'on veut obtenir des résultats.

Premièrement : Exercez-vous à parler impromptu.

Qui que ce soit, avec une intelligence normale et une certaine maîtrise de soi, peut faire un discours impromptu acceptable, voire brillant. Il y a différents moyens pour améliorer votre aptitude à vous exprimer avec facilité quand on vous demande soudain de dire quelques mots. Parmi ces méthodes, il y a celle utilisée par des acteurs célèbres.

Il y a bien des années, Douglas Fairbanks écrivit un article dans l'*American Magazine* dans lequel il décrivit un jeu auquel il se livra avec Charlie Chaplin et Mary Pickford presque chaque soir pendant deux ans. C'était plus qu'un jeu. C'était la pratique du plus difficile des arts oratoires : l'improvisation. Comme Douglas Fairbanks le raconte, le jeu consistait en ceci :

> Chacun de nous inscrivait un sujet sur un morceau de papier, et les papiers pliés, nous les mélangions, et celui qui en prenait un au hasard se levait et devait parler pendant une minute à

propos de ce sujet. Nous ne traitions jamais deux fois le même thème. Un soir j'eus à parler sur les « abat-jour ». Essayez et vous me direz si c'est facile. J'en vins cependant à bout.

Le résultat, c'est que nous avons éveillé nos esprits. Nous avons appris une foule de choses. Mais surtout, par cette gymnastique, nous en sommes venus à rassembler très vite nos idées et nos connaissances sur n'importe quoi, et à les exprimer aisément. Nous nous sommes entraînés à improviser.

Plusieurs fois dans mes cours, les participants ont à parler impromptu. Une longue expérience m'a appris qu'il en résulte deux choses :

1° Ils ont ainsi l'assurance qu'ils peuvent réfléchir en se levant pour parler ;

2° Cela les rend plus sûrs d'eux quand ils doivent faire une causerie préparée. Ils savent que si le pire se produit et qu'ils oublient ce qu'ils ont préparé, ils pourront quand même parler intelligemment à l'improviste, jusqu'à ce qu'ils puissent repartir.

C'est ainsi qu'un jour nous leur disons : « Vous aurez chacun un thème différent à traiter que vous ne connaîtrez qu'au moment de parler. Bonne chance ! »

Qu'arrive-t-il ? Un comptable peut avoir à parler de publicité, un représentant des jardins d'enfants, un professeur de la banque, un banquier de l'enseignement, un employé de la production et un expert en productivité des transports.

Abandonnent-ils pour autant ? Non. Ils ne prétendent pas être des spécialistes. Ils tirent parti du sujet pour le faire entrer dans le cadre de leurs connaissances. La première fois, ce n'est peut-être pas excellent. Mais ils se lèvent. Ils parlent. Pour certains, c'est facile. Pour d'autres, moins. Aucun ne se donne pour vaincu. C'est passionnant. Tous constatent qu'ils ont mieux réussi qu'ils ne l'auraient cru, et qu'ils sont capables de développer un don qu'ils ignoraient en eux.

Je crois que, s'ils peuvent le faire, n'importe qui le peut avec de la volonté et de la confiance. Plus on s'exerce, plus cela devient facile.

Nous organisons aussi une causerie en chaîne. C'est une séance très stimulante. Un participant doit commencer une histoire très invraisemblable, par exemple : « L'autre jour, je pilotais mon hélicoptère, lorsque j'aperçus un essaim de soucoupes volantes venant dans ma direction. J'essayai de descendre, mais un petit homme, dans une soucoupe, ouvrit le feu et... »

A ce moment un coup de sonnette indique que le temps qui lui était imparti est terminé, et un autre doit poursuivre l'histoire où elle était arrêtée. Quand tous les participants ont contribué à bâtir cette histoire fantastique, on arrive aussi bien sur les canaux de Mars qu'à Washington.

C'est une excellente méthode d'entraînement pour parler sans préparation. Plus on la pratique, plus on est apte à faire face aux situations les plus diverses de la vie et des affaires.

Deuxièmement : Soyez mentalement prêt à parler à l'improviste.

Quand on vous demande de parler à l'improviste, on pense généralement que vous allez traiter un sujet que vous connaissez bien. Le problème est donc de décider très vite et exactement ce que vous allez dire, et dans le temps que vous avez. Un des meilleurs moyens d'y parvenir est d'être toujours mentalement prêt à affronter une telle situation. Lorsque vous êtes à une réunion, demandez-vous ce que vous diriez si on vous donnait la parole. Quel aspect du sujet serait le plus approprié aux circonstances ? Comment exprimeriez-vous votre approbation ou votre réprobation dans la discussion ?

Aussi le premier conseil que je vous donne est celui-ci : mettez-vous mentalement en état de parler à l'improviste en toutes circonstances.

Cela demande de la réflexion, et penser est la chose la plus difficile au monde. Mais je suis certain que personne n'a pu se créer la réputation de brillant improvisateur sans s'y être préparé des heures durant en analysant ses réactions de participant dans une assemblée. Tout comme le pilote de ligne se tient prêt à résoudre tous les cas d'urgence qui pourraient se poser, le bon improvisateur est sur le qui-vive et se fait à lui-même *in petto* d'innombrables discours qui ne seront jamais prononcés. Mais peut-on vraiment dire que ces discours sont impromptus ? Ils sont plutôt la résultante d'une préparation continuelle.

Votre sujet étant connu, le seul problème est de l'adapter au temps et aux circonstances. Puisque vous improvisez, vous n'aurez naturellement à parler que pendant un temps très court.

A vous de décider quel aspect de votre sujet se prête le mieux à la situation. Ne vous excusez pas de votre manque de préparation. On s'y attend. Lancez-vous dans le vif du sujet dès que possible, sinon immédiatement ; et je vous en prie, suivez le conseil suivant :

Troisièmement : Citez un exemple immédiatement.

Pourquoi ? Pour trois raisons :

1° Vous n'avez pas à vous préoccuper de l'élaboration de vos phrases : les histoires se racontent facilement, même improvisées ;

2° Vous entrez dans le vif du sujet et le premier instant d'émotion passé, vous prendrez de l'assurance tout en racontant ;

3° Vous captez l'attention de votre auditoire immédiatement. Comme on l'a dit au chapitre sept, l'incident-exemple est, à ce point de vue, idéal.

Un auditoire qui s'intéresse au côté humain de votre récit vous soutiendra au moment où vous en aurez le plus besoin, c'est-à-dire au début. La communication est un processus à double effet, et l'orateur qui capte l'attention s'en rend compte immédiatement, car il sent le courant réceptif passer dans le public et il est mis en demeure de continuer, de faire de son mieux, de répondre à l'attente des auditeurs. Le rapport ainsi établi entre son auditoire et lui est la clef du succès. C'est pourquoi je vous conjure de commencer par un exemple, surtout si vous ne devez dire que quelques mots.

Quatrièmement : Parlez avec animation et avec force.

Comme il a déjà été dit plusieurs fois dans ce livre, si vous parlez avec énergie et vigueur, votre animation extérieure sera bénéfique pour votre tonus psychologique. Avez-vous observé quelqu'un parlant dans un groupe, qui se met soudain à faire des gestes ? Aussitôt, il s'exprime plus facilement, quelquefois brillamment, et autour de lui on se tait pour l'écouter. La relation entre l'activité physique et l'activité mentale est étroite. N'employons-nous pas les mêmes termes pour décrire une opération manuelle ou un fait intellectuel : « saisir une idée au vol », « se raccrocher à une pensée ». Dès que le corps s'anime, comme l'explique William James, l'esprit fonctionne plus rapidement. Aussi jetez-vous à corps perdu, si j'ose dire, dans votre causerie ; cela vous aidera à assurer votre succès d'improvisateur.

Cinquièmement : Utilisez le principe : HIC ET NUNC, ici et maintenant.

Un jour, quelqu'un vous tapera sur l'épaule en disant : « Voulez-vous dire quelques mots ? » Cela peut arriver sans que vous vous y attendiez. Vous êtes détendu et prenez plaisir à écouter les propos du président de la réunion, quand vous vous rendez compte soudain qu'il parle de vous. Tout le monde se tourne vers vous et, avant que vous compreniez ce qui se passe, vous êtes présenté comme le prochain orateur.

Dans une telle situation, votre esprit est prêt à s'emballer comme le cavalier fameux de Stephen Leacock, qui était si désorienté qu'il monta sur son coursier et se « précipita dans toutes les directions ». C'est le moment ou jamais de garder votre calme. Vous pouvez gagner du temps en vous adressant au président, puis il vaut mieux centrer vos remarques sur la réunion. L'auditoire aime qu'on s'intéresse à lui et à ce qu'il fait. Vous pouvez trouver là trois sortes d'idées.

1. Dans l'auditoire lui-même. C'est un sujet facile et sûr. Parlez de vos auditeurs, de ce qu'ils sont, de ce qu'ils font. Insistez sur l'aide qu'ils apportent à la communauté ou à l'humanité. Prenez des exemples précis.

2. L'occasion. Rappelez les circonstances qui vous ont réunis : un anniversaire, une inauguration, une assemblée annuelle, une réunion syndicale ou politique.

3. Enfin, si vous avez été un auditeur attentif, vous pouvez souligner une remarque précise d'un orateur qui vous a précédé et dire le plaisir que cela vous a procuré. Les improvisations les mieux réussies sont celles qui sont réellement improvisées. Elles expriment les sentiments présents de l'orateur. Elles s'adaptent comme un gant à la situation. Elles sont créées pour la circonstance. C'est leur raison d'être. Elles fleurissent sur l'heure, et comme les belles roses, elles se fanent vite. Mais le plaisir du public persistera et, plus tôt que vous ne le supposez, on vous prendra pour un excellent orateur.

Sixièmement : Ne faites pas une improvisation. Donnez une causerie impromptue.

Ce n'est pas pareil. Il ne suffit pas de faire un discours avec un ensemble de futilités que relierait le fil très ténu de l'inconséquence. Il faut grouper vos idées logiquement autour d'une idée qui servira de base à votre message. Vos exemples n'auront pour but que de l'illustrer. Et là encore, si vous parlez avec enthousiasme vous verrez que ce que vous dites impromptu aura une vie et une force que vos discours préparés ne possèdent pas.

Vous pourrez devenir un bon improvisateur si vous suivez à la lettre quelques-unes des suggestions qui vous sont faites dans ce chapitre. Mettez en pratique les techniques qui sont expliquées au début de ce chapitre.

Dans une réunion, dressez votre plan. Tenez-vous prêt à être appelé à prendre la parole à tout instant. Si vous pensez qu'on vous le demandera, écoutez les autres orateurs attentivement, résumez vos idées en quelques mots, et quand le moment est venu, dites ce que vous pensez très simplement. On vous a demandé votre opinion. Donnez-la brièvement et asseyez-vous.

L'architecte Norman Bel-Geddes disait qu'il ne pouvait exprimer ses pensées sans être debout. Il n'était à l'aise qu'en marchant de long en large dans son bureau, discutant avec ses associés de plans complexes, d'immeubles ou d'expositions. Il avait besoin d'apprendre à réfléchir lorsqu'il était assis, et c'est ce qu'il fit.

Pour la plupart d'entre nous, c'est le cas contraire. Nous devons apprendre à parler debout devant les autres, et bien entendu, nous le pouvons. La règle d'or est de commencer par une causerie brève, puis de recommencer et de recommencer.

Nous constaterons que chaque causerie devient plus facile, chacune d'elles étant meilleure que la précédente. Nous nous rendrons compte enfin qu'improviser devant un groupe est très semblable à une conversation avec des amis dans un salon.

RÉSUMÉ DE LA TROISIÈME PARTIE

LES CAUSERIES PRÉPARÉES ET IMPROMPTUES

VII. COMMENT FAIRE UNE CAUSERIE COURTE POUR INCITER A L'ACTION.

1. Racontez un événement que vous avez vécu.
   Utilisez, comme événement, une seule expérience personnelle.
   Commencez votre causerie par un détail de l'événement.
   Donnez des détails pertinents.
   Revivez votre expérience en la racontant.
2. Quelle action recommandez-vous ? Que voulez-vous que le public fasse ?
   Énoncez l'action de façon brève et précise.
   Rendez votre recommandation facile à exécuter.
   Exprimez avec force et conviction l'action que vous recommandez.
3. Faites ressortir le bienfait que le public peut en retirer.
   Assurez-vous que le bienfait soit bien en rapport avec l'événement.
   Insistez sur un bienfait et un seulement.

VIII. COMMENT FAIRE UNE CAUSERIE POUR INFORMER.

1. Limitez votre exposé au temps qui vous est imparti.
2. Classez vos idées dans un enchaînement logique.
3. Énumérez chaque point de votre causerie à mesure que vous le développez.
4. Comparez ce qui est nouveau avec ce qui est familier :
   Transformez un fait en image.
   Évitez les termes techniques.
5. Utilisez les aides visuelles.

IX. COMMENT FAIRE UNE CAUSERIE POUR CONVAINCRE.

1. Gagnez la confiance en la méritant.
2. Obtenez une réponse affirmative.
3. Parlez avec un enthousiasme contagieux.
4. Montrez du respect et de la sympathie pour votre auditoire.
5. Commencez d'une manière amicale.

X. COMMENT FAIRE DES CAUSERIES IMPROMPTUES.

1. Exercez-vous à parler impromptu.
2. Soyez mentalement prêt à parler à l'improviste.
3. Citez un exemple immédiatement.
4. Parlez avec animation et avec force.
5. Utilisez le principe : *hic et nunc* (ici et maintenant).
6. Ne faites pas une improvisation. Donnez une causerie impromptue.

QUATRIÈME PARTIE

L'ART DE COMMUNIQUER

Cette partie est entièrement consacrée à la façon de s'exprimer. Ici encore, nous insistons sur les principes fondamentaux de la parole en public qui ont été traités dans la première partie.

Pour pouvoir s'exprimer, il faut avoir mérité le droit de parler d'un sujet et avoir un désir ardent de le communiquer. C'est à ces conditions seulement que l'expression orale aura de la spontanéité et du naturel.

CHAPITRE XI

COMMENT S'EXPRIMER

LE CROIREZ-VOUS ? IL Y A QUATRE MOYENS, ET QUATRE SEULEMENT, pour entrer en contact avec le monde. C'est à travers eux que nous sommes jugés : ce que nous faisons, ce que nous paraissons, ce que nous disons et la manière dont nous nous exprimons. Ce chapitre traitera du dernier point.

Quand j'ai commencé mes cours de parole en public, j'ai passé beaucoup de temps à des exercices pour augmenter la puissance de la voix, étendre son registre, lui donner de la souplesse. Je ne fus cependant pas long à me rendre compte qu'il était futile d'enseigner à des adultes comment accentuer les nasales et mouiller les voyelles. Tout cela est parfait pour qui peut se permettre de passer trois ou quatre ans à améliorer sa diction. Ceux qui suivaient mes cours devaient se contenter de la voix qu'ils avaient. Je me suis rendu compte qu'il serait plus profitable de travailler à les libérer de leurs complexes que de leur faire pratiquer la « respiration diaphragmatique » et que j'obtiendrais ainsi des résultats plus rapides et plus durables. Je remercie Dieu d'avoir eu l'idée de le faire.

Premièrement : Pulvérisez votre coquille.

Dans mes cours, plusieurs séances ont pour objectif de libérer les adultes de leurs complexes. Je les implore à genoux, de chercher à être eux-mêmes ; ils verront alors que les gens les accepteront plus cordialement. Cela demande un effort, je l'admets, mais le résultat en vaut la peine. Comme le maréchal Foch l'a dit de l'art de la guerre, « le plan est simple dans sa conception, mais malheureusement compliqué dans son exécution ». Les gens sont figés, non seulement physiquement mais moralement, cela ressemble au raidissement qui vient avec l'âge et c'est là l'obstacle le plus important à vaincre.

Il n'est pas facile d'être naturel en public. Les acteurs le savent bien. Quand vous étiez un enfant de quatre ans, vous seriez monté sur une estrade et auriez parlé avec naturel. Mais à vingt-quatre ou quarante-quatre ans, que se passe-t-il ? Avez-vous encore le naturel de votre enfance ? C'est possible, mais il y a gros à parier que vous vous raidirez et rentrerez dans votre coquille comme une tortue effrayée.

La difficulté lorsqu'on enseigne à des adultes à parler en public, n'est pas de leur faire acquérir quelque chose mais, au contraire, de les débarrasser des entraves qui les empêchent de réagir avec le naturel qu'ils auraient si quelqu'un leur donnait un coup de poing.

Des centaines de fois, je les ai interrompus au milieu de leur causerie, leur demandant de parler comme un être humain. Je suis rentré souvent chez moi, le soir, mentalement et nerveusement épuisé après ces exercices. Non, croyez-moi, ce n'est pas aussi simple qu'il le paraît.

Dans une séance de mes cours, les participants doivent interpréter certaines scènes dramatiques. Je leur demande de s'oublier dans le rôle. Lorsqu'ils y parviennent, ils découvrent avec stupéfaction que même s'ils sont de piètres acteurs, ils ne sont pas gênés. Les participants sont étonnés par les dons dramatiques de certains. Lorsque vous aurez réussi à jouer un rôle ridicule devant un groupe, vous n'aurez plus envie de rester au second plan dans la vie courante, lorsque vous aurez à exprimer vos opinions devant un groupe ou devant des personnes isolées.

Vous aurez la même sensation de liberté qu'un oiseau dont on ouvre la cage. Si on se presse au théâtre ou au cinéma, c'est pour voir des hommes comme vous et moi agir avec pas ou peu de complexes et qui sont capables de montrer leurs émotions.

Deuxièmement : N'essayez pas d'imiter les autres. Soyez vous-même.

Nous admirons tous les orateurs qui savent faire de la démonstration spectaculaire, qui ne craignent pas de s'exprimer d'une manière originale et personnelle.

Peu après la première Guerre mondiale, j'ai rencontré à Londres deux frères, Sir Ross et Sir Keith Smith. Ils venaient d'accomplir le premier vol Londres-Australie, et de gagner ainsi le prix de cinquante mille dollars offert par le gouvernement australien. Ils avaient fait sensation dans tout l'Empire britannique et le roi les avait anoblis.

Le capitaine Hurley, un photographe connu, les avait accompagnés pour filmer l'expédition. Je les aidai à préparer le commentaire qui accompagnait la présentation du film et qu'ils firent deux fois par jour, quatre mois durant, au Philharmonic Hall de Londres l'après-midi et le soir.

Ils avaient connu la même expérience. Côte à côte, ils avaient volé à travers la moitié du monde. Ils faisaient le même récit, presque mot pour mot, et cependant cela ne semblait pas être le même.

C'est qu'il y a autre chose que les paroles : il y a la personnalité de l'orateur. Ce que vous dites compte, bien sûr, mais peut-être pas autant que votre façon de le dire.

Brulloff, le grand peintre russe, corrigeait, un jour, une étude d'un de ses élèves. Celui-ci s'exclama avec stupéfaction en regardant le maître modifier son dessin : « Quoi ! Vous avez à peine changé une toute petite chose et c'est tout différent ! » Brulloff répondit : « L'art commence par les petites choses. »

C'est tout aussi vrai de la parole que de la peinture ou de la musique. Dits par certaines personnes, les mêmes mots paraissent plus vrais. Il y a un vieux dicton au Parlement britannique qui assure que tout dépend de la manière dont on présente la question. Quintilien l'avait dit bien avant, alors que l'Angleterre était une colonie de Rome.

« Toutes les Ford sont exactement semblables », a dit leur fabricant. Mais deux hommes ne sont jamais tout à fait identiques. Toute vie nouvelle est une chose neuve sous le soleil. Il n'y a jamais eu rien de pareil avant et il n'y aura rien de tel dans l'avenir. Les jeunes devraient prendre conscience de cette vérité, rechercher la particularité de leur personnalité qui les rend différents des autres garçons et la mettre en valeur. La société et les écoles s'emploieront à effacer leurs caractères distinctifs puisque la tendance est de nous faire entrer tous dans le même moule. Mais, je le leur dis bien haut : « Ne perdez pas votre personnalité, car c'est votre trésor le plus précieux. »

C'est doublement vrai dans la parole en public. Il n'y a personne semblable à vous dans le monde. Des centaines de millions de gens ont deux yeux, un nez et une bouche, mais aucun ne vous ressemble, aucun n'a exactement vos traits et votre tournure d'esprit. Très peu s'expriment comme vous quand vous parlez avec naturel. En d'autres termes, vous avez une personnalité. Comme orateur, c'est votre bien le plus précieux. Accrochez-vous à elle, cultivez-la, car elle seule donne de l'impact à vos paroles. Je vous en conjure, n'essayez pas d'entrer dans un moule, vous ne seriez plus vous-même.

Troisièmement : Parlez avec votre auditoire.

Laissez-moi vous donner un exemple-type de la façon dont parlent des millions de personnes. J'ai eu l'occasion de séjourner à Murren, station estivale des Alpes suisses. J'étais descendu dans un hôtel appartenant à une compagnie londonienne qui envoyait tous les quinze jours deux conférenciers pour distraire les clients. Ce soir-là, une romancière anglaise bien connue prit la parole sur « l'avenir du roman ». Elle admit n'avoir pas choisi le sujet elle-même, et effectivement, elle paraissait ignorer ce qui valait la peine d'être dit sur la question. Elle avait pris quelques notes hâtives et debout devant l'auditoire, sans le regarder, elle fixait parfois un point au-dessus de leur tête, ou bien jetait un coup d'œil sur ses notes ou sur le plancher. Elle débitait ses phrases dans le vide, le regard vague et la voix inexpressive.

Cela ne peut pas s'appeler faire une conférence. C'est un monologue sans cette communication entre l'orateur et l'auditeur, qui est l'essence même du discours. L'auditoire doit sentir que le message lui est destiné, et qu'il vient du cœur même de l'orateur. Voilà une conférence qui aurait pu aussi bien être faite dans les vastes étendues sablonneuses du désert de Gobi. En réalité, elle s'adressait plus aux murs qu'à des êtres vivants.

On a écrit bien des sottises sur l'élocution. On a voulu la soumettre à des règles et à des rites mystérieux. La grandiloquence du passé était souvent ridicule. L'homme d'affaires qui recherche dans une bibliothèque ou dans une librairie un ouvrage sur l'« éloquence », ne trouve que des livres inutilisables.

Heureusement une nouvelle école a surgi, adaptée à l'esprit du siècle, ses principes sont pratiques comme l'automobile, directs comme des télégrammes, modernes comme la publicité. Les feux de l'éloquence d'autrefois seraient ridicules aujourd'hui.

Un auditoire moderne, qu'il s'agisse de quinze personnes dans une discussion d'affaires, ou de mille dans une salle de spectacle, veut que l'orateur s'exprime aussi directement que dans une conversation. Il doit seulement parler plus fort et avec davantage d'énergie, tout comme une statue placée au sommet d'un édifice doit être gigantesque pour paraître de dimension normale, vue du sol.

A la fin d'une conférence de Marc Twain chez les mineurs du Nevada, un vieux prospecteur lui demanda : « Est-ce là le ton de votre éloquence naturelle ? »

C'est ce que veut le public : « Un ton d'éloquence naturelle », juste un peu renforcé.

Le seul moyen d'acquérir ce naturel est de s'entraîner. Si vous vous apercevez que votre ton paraît affecté, arrêtez-vous et dites-vous : « Attention, ça ne va pas ! Réveille-toi ! Sois naturel ! », puis recherchez dans le fond de la salle la personne qui semble la moins attentive, et adressez-vous à elle. Oubliez les autres, et engagez la conversation avec cette personne. Imaginez qu'elle vous a posé une question et que vous lui répondiez Pensez que vous êtes le seul à pouvoir donner une réponse. Si elle se levait et vous parlait, vous lui répondriez, le dialogue prendrait alors le ton naturel de la conversation. Imaginez que cela se passe ainsi.

Vous pouvez même poser des questions et y répondre ! Par exemple, vous pouvez dire : « Vous me demandez quelle preuve j'ai de ce que j'avance ? Je vais vous le démontrer... » et vous enchaînez. Ce procédé peut se faire très naturellement. Cela rompra la monotonie du débit et le rendra plus direct et plus agréable.

Parlez à la Chambre de commerce comme vous le feriez avec M. Dupont. Qu'est-ce, en effet, qu'une réunion de la Chambre de commerce, si ce n'est une assemblée de Dupont et de

Durand ? La manière de parler à des individus ne conviendrait-elle pas lorsqu'ils sont réunis ?

Au début de ce chapitre, j'ai évoqué la conférence d'une romancière anglaise à laquelle j'avais assisté. Quelques jours plus tard, j'ai eu le plaisir d'entendre dans la même salle Sir Oliver Lodge. Il parlait sur « les atomes dans l'univers ». Il avait consacré plus d'un demi-siècle de réflexion, d'études et d'expériences à ce sujet qui lui tenait au cœur et dont il voulait parler. Il oubliait qu'il faisait une conférence. C'était le cadet de ses soucis. Son seul objectif était d'expliquer avec précision et clarté ce qu'étaient les atomes. Il essayait sincèrement de nous faire partager ce qu'il savait et ressentait.

Quel fut le résultat ? Il fit une conférence remarquable, pleine de charme et d'intérêt qui marqua profondément les auditeurs. Sir Oliver était un orateur hors du commun. Cependant je suis certain qu'il ne se considérait pas ainsi et que les personnes qui l'avaient entendu le voyaient sous un autre angle qu'un simple conférencier.

Si vous donnez l'impression d'avoir suivi des cours d'élocution, vous ne faites pas honneur à celui qui vous les a donnés, surtout si c'est un animateur de mes cours. Vous devez parler avec un tel naturel que personne ne puisse soupçonner que vous avez appris à le faire. Une fenêtre n'attire pas l'attention sur elle-même. Elle laisse simplement passer la lumière. Un bon orateur doit lui ressembler. Il doit être tellement naturel que ses auditeurs ne remarquent que ce qu'il dit, sans s'occuper de la manière dont il le dit.

Quatrièmement : Mettez votre cœur dans vos paroles.

Votre sincérité, votre enthousiasme et votre conviction vous aideront. Quand un homme laisse filtrer ses sentiments, sa véritable personnalité apparaît. Les obstacles tombent. La chaleur de ses émotions brûle les barrières. Il agit, il parle spontanément. Il est naturel.

En somme, même dans la manière de s'exprimer, l'essentiel est toujours d'être sincère : *parlez avec votre cœur.*

« Je n'oublierai jamais, a dit Dean Brown dans une conférence sur l'art de faire des sermons à la faculté de théologie de Yale, le récit d'un de mes amis sur un service religieux auquel il avait assisté à Londres. Le prédicateur était George Macdonald. Il y avait lu le onzième chapitre de l'épître aux Hébreux. Quand il prêcha, il dit : « Vous avez entendu ce que je viens « de vous lire sur ces hommes à la foi profonde. Je n'essaierai « pas de vous définir la foi. Des théologiens le feraient mieux « que moi. Je veux seulement vous aider à croire. » Alors ce fut la manifestation simple, sincère, fervente de la foi profonde et vive d'un homme à l'aide de vérités surnaturelles et éternelles. Il voulait faire naître cette foi dans l'esprit et dans le cœur de ceux qui l'écoutaient. *Il mit son cœur dans ses paroles et son sermon fut extraordinairement émouvant, parce qu'il était l'émanation de la beauté de sa vie intérieure.* »

« Il mit son cœur dans ses paroles », voilà le grand secret. Pourtant je le sais bien, on n'aime guère ce conseil. Il paraît trop vague. L'individu moyen veut des règles éprouvées, nettes, presque tangibles, aussi précises que celles qui régissent la conduite d'une automobile.

C'est ce qu'il demande et ce que j'aimerais lui donner. Ce serait plus facile, et pour lui et pour moi. Ces règles existent, mais elles sont inutilisables. Elles enlèvent le naturel, la spontanéité, la vie aux paroles. Je ne le sais que trop. Dans ma jeunesse, j'ai perdu beaucoup de temps à essayer de les pratiquer. Elles ne servent à rien.

Edmund Burke écrivit des discours si parfaits et si logiques, qu'ils sont donnés en modèles dans les collèges. Pourtant Burke était un mauvais orateur. Il était incapable de faire briller ce qu'il disait. On l'avait surnommé « la cloche du déjeuner » à la Chambre des Communes. Quand il se levait pour parler, ses collègues se mettaient à tousser, frapper du pied, ou bien dormaient ou s'en allaient.

Vous pouvez lancer une balle d'acier, de toutes vos forces, sur un homme sans seulement faire un accroc à ses vêtements, alors qu'avec de la poudre allumée par une vulgaire chandelle, vous pourrez traverser une planche de pin. Il en est de même pour une causerie à base de poudre et d'une chandelle, elle fera une impression plus forte, mais oui, qu'une autre, parfaite dans la forme mais dénuée de force et de passion.

Cinquièmement : Exercez votre voix pour la rendre forte et souple.

Quand nous parlons à nos auditeurs, nous le faisons par la

voix et les gestes. Nous secouons les épaules, remuons les bras, fronçons les sourcils, nous changeons l'intensité et le registre de notre voix et nous parlons plus ou moins vite selon les cas. Il est bon de se rappeler que ce ne sont là que des effets et non des causes. Les prétendues modulations dépendent de notre état mental ou émotionnel. C'est pourquoi il est très important que nous possédions bien notre sujet, qu'il nous tienne au cœur et que nous ayons un désir ardent de le faire partager à nos auditeurs.

Nous aimons la spontanéité et le naturel de la jeunesse, et cependant en prenant de l'âge, nous finissons par figer dans un moule notre communication. Nous faisons moins de gestes. Nous utilisons la même intonation de voix. Notre conversation a perdu sa fraîcheur, sa spontanéité. Nous avons pris l'habitude de parler trop lentement ou trop vite, et bien que nous y veillions, notre diction comporte un certain laisser-aller. On a souvent dit dans ce livre de n'agir qu'avec naturel, il peut donc vous sembler qu'une diction défectueuse ou un débit monotone sont bons, s'ils sont naturels. Ce n'est pas cela. Nous devons être naturels et nous exprimer avec conviction, mais nul n'osera prétendre qu'il ne faille pas améliorer son vocabulaire, sa richesse d'imagination, sa diction, la force et la variété de ses expressions. Chacun doit chercher à s'améliorer.

Il est bon de contrôler le volume de sa voix et la richesse de ses inflexions, par exemple à l'aide d'un magnétophone. Il est également utile de demander à ses amis ce qu'ils en pensent. S'il vous est possible d'avoir affaire à un orateur de métier, c'est encore mieux. Rappelons-nous, toutefois, que ces exercices ne doivent être faits qu'en privé, car s'en préoccuper au moment de prendre la parole serait désastreux. Lorsque vous commencez à parler, ne pensez qu'à l'effet mental et émotionnel que vous voulez produire sur l'auditoire, et il y a neuf chances sur dix pour que vous parliez avec plus de force que vous n'auriez pu l'apprendre dans les livres.

RÉSUMÉ DE LA QUATRIÈME PARTIE

L'ART DE COMMUNIQUER.

XII. COMMENT S'EXPRIMER.

1. Pulvérisez votre coquille.
2. N'essayez pas d'imiter les autres. Soyez vous-même.
3. Parlez avec votre auditoire.
4. Mettez votre cœur dans vos paroles.
5. Exercez votre voix pour la rendre forte et souple.

CINQUIÈME PARTIE

LE COMPORTEMENT FACE AU PUBLIC

Dans cette partie, nous exposons les principes et nous donnons les techniques utilisables dans les entretiens de tous les jours, de la simple conversation aux discours les plus officiels.

Nous supposons maintenant que vous ayez à prendre la parole en public, que ce soit pour présenter un autre orateur, ou pour prononcer un plus long discours. Aussi consacrons-nous un chapitre à la présentation d'un conférencier et un autre à l'élaboration d'une causerie plus importante, du début à la conclusion.

Le dernier chapitre insistera encore sur le fait que les principes de ce livre s'appliquent aussi bien à la simple conversation que pour faire un discours devant un public.

[illegible] PARTIE [illegible]

[illegible]

[illegible] de la mesure [illegible] qui [illegible] les dispositions [illegible]

[illegible]

CHAPITRE XII

COMMENT PRÉSENTER DES ORATEURS COMMENT OFFRIR OU ACCEPTER DES RÉCOMPENSES

QUAND VOUS ÊTES APPELÉ A PARLER EN PUBLIC, C'EST SOIT POUR présenter un autre orateur, soit pour informer, distraire ou convaincre. Peut-être vous occupez-vous d'une œuvre ou, membre d'un club féminin, avez-vous à présenter le conférencier de la prochaine réunion. Peut être attendez-vous le moment de vous adresser à votre conseil municipal, à un groupe d'acheteurs, à une réunion syndicale ou à une organisation politique. Au chapitre treize je vous dirai comment préparer une longue causerie. Ici je m'en tiendrai au discours d'introduction, avec quelques suggestions sur la manière de remettre ou d'accepter une récompense ou un prix.

John Mason Brown, le célèbre écrivain et conférencier, bavardait un soir avec la personne qui devait le présenter.

« Ne vous tracassez pas au sujet de ce que vous allez dire, affirmait-il. Détendez-vous ! Je ne crois pas au discours préparé. Non ! La préparation ne vaut rien. Elle détruit le charme et tue la spontanéité. J'attends toujours que l'inspiration vienne au moment où je me mets à parler et cela ne rate jamais. »

Après ces paroles rassurantes, M. Brown s'attendait à être

correctement présenté comme il le précise dans son livre *L'habitude que j'ai.* Or, voici ce qu'il entendit :

> Mesdames et messieurs, puis-je avoir votre attention, s'il vous plaît ? Nous avons de mauvaises nouvelles pour vous ce soir. Nous désirions vous faire entendre Isaac F. Marcosson, mais il n'a pu venir, il est malade (*applaudissements*). Nous avons ensuite demandé au sénateur Bledridge de le remplacer mais il est pris ailleurs (*applaudissements*). Enfin nous avons en vain fait appel au docteur Lloyd Grogan de Kansas City (*applaudissements*). A leur place, nous avons ce soir John Mason Brown (*silence*).

M. Brown, en rappelant ce désastreux préambule, ajoute seulement : « Du moins cet homme, si sûr de lui, prononça-t-il mon nom correctement. » Ce présentateur qui se fiait tant à l'inspiration du moment n'aurait pu faire pire même s'il l'avait voulu. Sa présentation violait toutes les règles du savoir-vivre aussi bien pour l'orateur que pour l'auditoire. Ces règles ne sont pas nombreuses mais elles sont importantes, et il est étonnant que de nombreux organisateurs de conférences ne s'en rendent pas compte.

Présenter un conférencier a le même sens que présenter des personnes dans la vie quotidienne. Il s'agit de rapprocher l'orateur et le public, d'établir une atmosphère sympathique et de créer entre eux un lien commun. Celui qui dit : « Vous n'avez pas de discours à faire, vous n'avez qu'à présenter l'orateur » sous-estime la tâche. Rien n'est plus massacré qu'un discours d'introduction, peut-être parce que beaucoup de ceux qui en sont chargés pensent qu'il n'a pas grande importance et ne mérite pas qu'on s'attache à le préparer pour le faire correctement.

Une introduction — de deux mots latin : *intro* à l'intérieur et *ducere* conduire — devrait nous conduire suffisamment à l'intérieur du thème du discours pour nous donner le désir d'en entendre parler. Elle devrait aussi nous amener à mieux connaître l'orateur et sa compétence pour traiter le sujet. En d'autres termes, le présentateur devrait « vendre » le sujet du discours, et « vendre » l'orateur à l'auditoire, et ceci dans le minimum de temps.

C'est là ce que devrait faire le présentateur, mais le fait-il ?

Neuf fois sur dix, non ! La plupart des introductions sont de piètres paroles présentées de façon inadmissible. Cela ne devrait pas exister. Si le présentateur comprenait l'importance de sa tâche et l'accomplissait bien, on le réclamerait bientôt partout comme président ou organisateur de réunions !

Voici quelques suggestions pour vous aider à réussir la présentation d'un conférencier.

Premièrement : Préparez avec soin ce que vous allez dire.

Bien que la causerie d'introduction soit courte — elle excède rarement une minute — elle exige une préparation minutieuse. Premièrement, rassemblez les éléments sur le thème de la conférence, sur les références du conférencier, ses qualités pour traiter ce sujet et son nom, et souvent sur l'intérêt que le thème de la conférence présente pour le public.

Assurez-vous que vous connaissez bien le titre de la conférence et le schéma de son déroulement. Il n'y a rien de plus embarrassant pour un conférencier que de se trouver dans l'obligation de démentir les paroles du présentateur. Vous pouvez l'éviter en vous documentant sur le sujet et en vous abstenant de présumer de ce qu'il dira. Votre devoir de présentateur vous commande d'énoncer correctement le titre de la conférence et de souligner l'intérêt qu'elle peut avoir pour l'auditoire. Si possible, essayez de le savoir directement par l'orateur lui-même. Si vous devez passer par un tiers, l'organisateur par exemple, essayez d'avoir ces informations par écrit et vérifiez-les avec l'orateur avant la réunion.

Il est possible que votre préparation consiste surtout à vous informer des titres du conférencier. Dans ce cas, vous pourrez les trouver dans le *Who's who,* ou dans tout autre annuaire du même genre, si l'orateur est bien connu localement. Vous pouvez vous adresser à la direction des relations publiques de la firme à laquelle il appartient. Et même dans certains cas vérifier vos renseignements en appelant un de ses proches amis ou un membre de sa famille. Ce qu'il faut c'est que vous obteniez des renseignements exacts. Ses intimes seront heureux de vous fournir les précisions.

Il vaut mieux ne pas importuner le public par un excès de détails, lorsque, par exemple, un des titres du conférencier implique qu'il en a d'autres de moindre valeur. Il est inutile de dire qu'une personne est licenciée si vous ajoutez qu'elle est agrégée de philosophie. Il est préférable d'indiquer la dernière et la plus haute fonction d'un homme que de faire une fastidieuse énumération de ses diverses activités depuis sa sortie de l'université. Enfin et surtout, n'omettez pas de dire la plus brillante réussite de sa carrière.

Par exemple, j'ai entendu quelqu'un de bien connu et qui aurait dû faire mieux, présenter le poète irlandais W. B. Yeats, qui devait lire des extraits de ses œuvres. Trois ans plus tôt Yeats avait reçu le prix Nobel de littérature, la plus haute distinction qui puisse être obtenue par un homme de lettres. Il n'y avait pas dix pour cent des membres de l'assistance qui ne fussent au courant. De toute évidence il fallait insister sur ce point dans la présentation, même si rien d'autre n'était dit du poète. Mais que fit le présentateur ? Il l'ignora complètement et s'étendit sur la mythologie et la poésie grecque !

Avant tout, assurez-vous de bien connaître le nom de l'orateur et faites en sorte de le bien prononcer. John Mason Brown assure qu'il a été présenté comme « John Brown Mason » et même « John Smith Mason » ! Dans son charmant essai *Nous avons avec nous ce soir,* Stephen Leacock, l'humoriste canadien, raconte qu'il fut, un jour, présenté de la façon suivante :

> « Nous attendions la venue de M. Learoyd avec la plus grande impatience. Grâce à ses livres, nous le connaissons déjà comme un vieil ami. Je ne crois pas exagérer en disant à M. Learoyd que son nom est bien connu dans notre ville. J'ai le plus grand plaisir à vous présenter M. Learoyd ! »

Si vous vous livrez à des recherches, c'est pour donner des renseignements précis, car c'est ainsi que la présentation atteindra son but d'augmenter l'attention de l'auditoire et de le rendre plus réceptif. Le présentateur mal préparé n'a généralement que du vague à offrir :

> « Notre orateur est reconnu partout comme une autorité sur... sur son sujet. Nous sommes intéressés par ce qu'il va nous dire car il est venu de... de très loin pour cela. J'ai le plaisir de vous présenter, voyons... Ah ! oui, le voici M. Blank. »

En prenant le temps de préparer, nous éviterons la pénible impression qu'une telle introduction produit à la fois sur l'orateur et sur le public.

CLUB MEDITERRANEE

200

0215137

DATE : Recette du lundi 9 déc

NOM :

PRÉNOM :

CASE : 268 DÉPART : 10 déc

NAVDY François	13,500 cts x1

SIGNATURE GM

total 13 500 –

à passer au débit du compte

Deuxièmement : Suivez la formule S.I.C.

Dans la plupart des cas, la formule S.I.C. sera un moyen pratique pour classer les renseignements que vous aurez rassemblés :

1. S. pour sujet. Commencez en donnant le titre exact de la conférence.
2. I. pour intérêt. Ce sera un pont que vous jetterez entre le sujet et ce qui intéresse le groupe.
3. C. pour conférencier. Donnez la liste des titres de l'orateur, spécialement de ceux qui ont un rapport avec le sujet de la conférence. Enfin, donnez son nom de façon distincte et claire.

Il y a là matière à faire travailler votre imagination, car l'introduction ne doit être ni courte ni sèche. Voici un exemple où la formule est appliquée sans donner l'impression d'un procédé : un éditeur new-yorkais, Homer Thorne, présentait le directeur d'une compagnie de téléphone à une réunion de journalistes.

« Le sujet de la conférence est : « Le téléphone est à votre service. »

« Il me semble que l'un des plus grands mystères du monde, avec l'amour et la passion du jeu, est ce qui se produit quand vous appelez au téléphone.

« Pourquoi obtenez-vous un mauvais numéro ? Pourquoi arrive-t-il que la communication entre New York et Chicago soit parfois plus rapide qu'entre deux villes voisines ? Notre conférencier connaît toutes les réponses à ces questions. Depuis vingt ans, il s'occupe de tout ce qui concerne le téléphone. C'est un des directeurs des services téléphoniques, et il l'est devenu par son travail.

« Il va nous dire comment sa société se met à notre service. Si vous êtes des utilisateurs satisfaits, c'est grâce à lui. Si vous venez d'avoir des difficultés avec votre téléphone, permettez-lui de se faire l'avocat de la défense.

« Mesdames et messieurs, le vice-président de la compagnie des téléphones de New York vous parle : M. George Wellbaum. »

Remarquez comment le présentateur a intelligemment aiguillé l'attention sur le téléphone. En posant des questions il a excité la curiosité, puis il a indiqué que l'orateur y répondrait ainsi qu'à toutes celles qui lui seraient posées.

Je ne pense pas que cette introduction ait été écrite ou apprise par cœur. Même sur le papier elle a le ton de la conversation naturelle. Une introduction ne doit jamais être apprise par cœur. Cornelia Otis Skinner eut une fois la surprise d'entendre une présentatrice, qui avait oublié le texte qu'elle avait préparé, dire : « Etant donné le prix exorbitant demandé par l'amiral Byrd, nous avons ce soir parmi nous Miss Otis Skinner. »

La présentation ne doit pas être collet monté et austère, mais au contraire doit donner l'impression de naître de l'occasion.

Dans la présentation de M. Wellbaum, citée plus haut, on ne trouve aucun cliché, comme : « J'ai le grand plaisir » ou « J'ai le privilège de vous présenter ». La meilleure façon d'annoncer un orateur est de citer son nom ou de dire : « Je vous présente... », en donnant le nom.

Certains ont le tort de parler trop longtemps et d'agacer l'auditoire. D'autres abusent d'envolées oratoires fantaisistes pour impressionner l'orateur et le public par leur importance. D'autres encore commettent la triste erreur de dire des plaisanteries lourdes, pas toujours de bon goût, ou de prendre un ton protecteur à l'égard de l'orateur et de sa profession. Tout cela doit être évité quand on veut prononcer une introduction.

Voici encore un exemple où la formule S.I.C. est suivie sans que la présentation y perde son originalité. Remarquez surtout la façon dont Edgar L. Schnadig mêle les trois principes de la formule en présentant l'éminent professeur Gerald Wendt.

> « La science aujourd'hui. » Le sujet de notre orateur est une affaire sérieuse. Il me rappelle l'histoire de ce malade psychopathe qui croyait avoir un chat dans le ventre. Ne pouvant le convaincre de son erreur, le chirurgien fit comme s'il l'avait opéré. Quand il s'éveilla, on lui montra un chat noir en l'assurant que ses ennuis étaient terminés. Il répondit : « Je suis navré, docteur, mais le chat qui me tourmente est gris. »
>
> « Ainsi en est-il avec la science aujourd'hui. Vous cherchez un chat appelé U-235 et vous trouvez une portée de chatons nommés Neptunium, Plutonium, Uranium 233 ou autre chose. Les éléments

sont maîtrisés. L'alchimiste d'autrefois et le premier savant nucléaire, sur leur lit de mort, auraient voulu obtenir un jour de plus pour percer les secrets de l'univers. De nos jours les savants découvrent des secrets que l'univers ne soupçonnait pas.

« Le conférencier qui va vous parler connaît la science pour ce qu'elle est et ce qu'elle peut être. Il a été professeur de chimie à l'université de Chicago, doyen de l'université de Pennsylvanie, directeur de l'Institut Battelle de recherches industrielles à Colombus, Ohio. Il a mis sa science au service du pays. Il est auteur et éditeur. Il est né à Davenport, dans l'Iowa, et il est diplômé de l'université Harvard. Il a fait des recherches pendant la guerre. Il a beaucoup voyagé en Europe.

« Il est l'auteur de nombreux ouvrages scientifiques, dont le plus célèbre est *La Science dans le monde de demain,* publié alors qu'il était directeur du service scientifique de la foire internationale de New York ; il est conseiller technique de *Time, Life, Fortune* et de la *Marche du Temps* ; ses vulgarisations scientifiques touchent une large audience. *L'âge atomique* a paru en 1945, dix jours après l'explosion de la bombe d'Hiroshima. Sa maxime favorite est : « Le meilleur est encore à venir ». Je suis fier de vous présenter, et vous serez heureux d'entendre, le directeur de *La Science illustrée,* le docteur Gerald Wendt. »

Jusqu'à ces derniers temps, il était de bon ton de couvrir le conférencier d'éloges, dans l'introduction. Des guirlandes de fleurs lui étaient tressées par le présentateur et le malheureux croulait littéralement sous le poids de ces trop lourdes flatteries.

Le célèbre humoriste Tom Collins de Kansas City, Missouri, a dit un jour à Herbert Prochnow, auteur du *Manuel des petits discours de société :* « Il est désastreux, pour un orateur qui a la réputation d'être un humoriste, que l'on promette à son auditoire qu'il va se tenir les côtes de rire. Quand un présentateur associe votre nom à celui du comique Will Rogers, vous n'avez plus qu'à tout abandonner et à rentrer chez vous, parce que vous êtes perdu. »

Cependant, ne sous-estimez pas non plus l'orateur que vous présentez. Stephen Leacock rappelle le temps où il devait prendre la parole après une introduction se terminant par ces mots :

« Voici la première d'une série de conférences pour cet hiver.

L'an dernier, comme vous le savez, ce ne fut pas une réussite. Tant et si bien que nous nous sommes retrouvés déficitaires. Nous partons donc sur de nouvelles bases et nous nous contenterons de talents moins chers. Puis-je vous présenter M. Leacock. »

M. Leacock ajoute : « Jugez de ce que l'on peut éprouver quand on s'entend traité de talent bon marché ».

Troisièmement : Soyez enthousiaste.

Pour présenter un conférencier la forme est presque aussi importante que le fond. Essayez d'être chaleureux et, au lieu de dire que vous êtes heureux, montrez que vous l'êtes réellement. Si vous faites une introduction qui va en s'amplifiant dans la louange, quand viendra le moment de dire le nom de l'orateur, l'ambiance sera créée et le public applaudira avec plus de chaleur. Cette manifestation de sympathie stimulera alors le conférencier.

Lorsque vous prononcez le nom de l'orateur, à la fin de votre introduction, pensez aux mots « pause », « arrêt », « force ». *Pause,* c'est un court silence, juste avant de prononcer le nom afin de provoquer un sentiment d'expectative. *Arrêt,* signifie que le prénom et le nom doivent être séparés par un petit temps d'arrêt pour permettre à l'auditoire d'entendre distinctement le nom de l'orateur. *Force,* parce que ce nom doit être dit avec toute la vigueur dont vous êtes capable.

Il vous reste à prendre une précaution élémentaire, mais trop souvent négligée : quand vous énoncez le nom de l'orateur, ne vous tournez pas vers lui, regardez le public jusqu'à la fin de la dernière syllabe. Alors seulement tournez-vous vers le conférencier. J'ai vu un très grand nombre de présentateurs faire d'excellentes introductions qui étaient gâchées, parce qu'ils se tournaient vers l'orateur et prononçaient son nom en quelque sorte pour lui, laissant l'auditoire dans l'ignorance complète de son identité.

Quatrièmement : Soyez sincèrement chaleureux.

Enfin, soyez sincère. N'ayez pas un ton réprobateur et ne soyez pas ironique. Une présentation un peu moqueuse pourrait être mal interprétée par certains membres de l'auditoire. Soyez sincèrement chaleureux, parce que vous assumez un rôle qui exige beaucoup de finesse et de tact. Vous pouvez avoir des rapports familiers avec l'orateur, mais le public l'ignore et certaines de vos réflexions, si innocentes qu'elles puissent être, peuvent être mal interprétées.

Cinquièmement : Préparez soigneusement ce que vous direz à l'occasion d'une remise de récompense.

« Il a été prouvé que le cœur humain recherche les honneurs et la reconnaissance des mérites. »

Quand Margery Wilson écrivit cette phrase, elle exprimait le sentiment général. Nous désirons tous bien nous conduire dans la vie. Nous voulons être appréciés. Un mot d'éloge de quelqu'un — laissons à part les louanges officielles — nous remonte le moral d'une façon prodigieuse.

Althea Gibson, la championne de tennis, s'arrangea pour obtenir cette aspiration du « cœur humain ». Elle titra son autobiographie, *Je voulais être quelqu'un.*

Lorsque nous faisons un discours pour remettre un prix ou une récompense, nous proclamons que le bénéficiaire est vraiment « quelqu'un ». Il a réussi grâce au mal qu'il s'est donné. Il mérite notre considération. Nous sommes venus pour lui rendre hommage. Ce que nous avons à dire doit être bref, mais il faut l'avoir soigneusement pensé. Cela ne représentera peut-être pas grand-chose pour ceux qui sont habitués aux honneurs, mais pour d'autres, moins favorisés, ce sera peut-être le souvenir qui illuminera le reste de leur vie.

Nous devons donc peser sérieusement les mots que nous prononcerons. Voici une formule test :

1. Dites pourquoi la récompense est remise. C'est peut être pour un long service, pour avoir gagné une compétition, ou pour une performance notable. Expliquez-le simplement.
2. Dites quelques mots de l'intérêt que représente la vie et l'œuvre de la personne honorée, pour l'assemblée présente.
3. Dites combien la récompense est méritée et combien le public s'en réjouit.
4. Félicitez le bénéficiaire et adressez-lui les vœux de tous pour l'avenir.

Rien n'est plus primordial que la sincérité dans ce genre de discours. Tout le monde le sait sans toujours l'exprimer. Si donc vous avez été choisi pour parler en la circonstance, c'est un honneur aussi bien pour vous que pour la personne à qui vous vous adressez. Cela prouve que l'on vous considère digne d'une tâche qui demande de la réflexion et du cœur. Mais attention à l'exagération.

Il est facile de tomber dans la démesure et de louer d'une manière outrancière. Si la récompense est méritée, il faut le dire, mais ne pas outrer les louanges.

Les éloges successifs sont pénibles pour ceux à qui ils s'adressent ainsi que pour le public. N'exagérons pas l'importance de la récompense en elle-même. Au lieu de la vanter outre mesure, insistons plutôt sur les sentiments de sympathie de ceux qui l'ont décernée.

Sixièmement : Lorsque vous remerciez, soyez sincère.

Ce discours devra être encore plus bref que la causerie de remise de prix. Nous ne devons pas l'apprendre par cœur, mais il vaut mieux s'être préparé. Si nous savons que nous allons recevoir une récompense accompagnée de quelques mots de félicitations, nous devons être prêts à répondre.

Murmurer simplement : « Je vous remercie » ou : « C'est le plus beau jour de ma vie » ou encore : « C'est la chose la plus merveilleuse qui puisse m'arriver », n'est pas très bon. Là encore attention à l'exagération ; « le plus beau jour », « la chose la plus merveilleuse » est trop fort. Vous pouvez exprimer votre gratitude en termes plus simples, par exemple :

1. Dites un « merci » chaleureux à l'assistance ;
2. Rendez hommage à ceux qui vous ont aidé, vos associés, vos employés, vos amis ou votre famille ;
3. Dites ce que ce prix représente pour vous. S'il est enveloppé, ouvrez-le et montrez-le. Parlez de son utilité ou de sa beauté et racontez ce que vous avez l'intention d'en faire ;
4. Terminez par une nouvelle expression de gratitude.

Dans ce chapitre, nous avons traité de trois types de causeries. Ils peuvent vous servir soit dans votre travail, soit dans l'organisation ou le club auxquels vous appartenez. Suivez les conseils qui vous sont donnés et vous aurez la satisfaction de savoir dire ce qui convient au moment opportun.

CHAPITRE XIII

PRÉPARATION DE LA CAUSERIE LONGUE

AUCUN HOMME SENSÉ NE CONSTRUIRAIT UNE MAISON SANS UN PLAN ; pourquoi prononcerait-il un discours sans savoir ce qu'il dira ?

Une causerie est un voyage avec un but précis et dont l'itinéraire doit être établi. Partir sans but ne mène nulle part.

Je souhaiterais peindre en lettres de feu de trente centimètres au-dessus des portes franchies par les étudiants de parole en public, cette phrase de Napoléon : « L'art de la guerre est une science où rien ne réussit qui n'ait été pensé et calculé. »

Il n'y aurait qu'à mettre l'art de parler au lieu de l'art de la guerre. Mais les orateurs le comprennent-ils ? Le mettent-ils en pratique ? Non. Combien de discours n'ont pas plus de plan et de méthode qu'un ragoût irlandais.

Quel est l'ordre le plus efficace pour assembler ses idées ? On ne peut le dire avant de les avoir étudiées. C'est toujours un nouveau problème. L'éternelle question à laquelle chaque orateur doit répondre. Aucune règle infaillible ne peut être donnée, mais nous pouvons, en tout cas, indiquer les trois phases principales : obtenir l'attention, exposer les faits et conclure. Pour chaque partie, il y a des méthodes sûres et utilisables.

Premièrement : Obtenez l'attention immédiatement.

J'ai demandé au docteur Lynn Harold Hough, ancien recteur de l'Université du Nord-Ouest, ce que sa longue expérience d'orateur lui avait enseigné de plus important. Après un instant de réflexion, il me dit : « Rien n'est plus essentiel que d'avoir un bon début. Quelque chose de percutant qui suscite immédiatement l'attention. » C'est le cœur du problème : obtenir le contact avec l'auditoire dès les premiers mots. Voici quelques moyens, qui vous permettront d'obtenir l'attention dès les premières phrases.

Commencez votre causerie avec un incident-exemple

Lowell Thomas, conférencier de réputation mondiale et producteur de films, commença une conférence sur Lawrence d'Arabie en ces termes :

> « Je descendais un jour la rue des Chrétiens à Jérusalem, quand je rencontrai un homme vêtu d'une somptueuse tunique comme un potentat oriental ; sur le côté il avait le cimeterre en or que seuls portent les descendants du prophète Mahomet... »

Et le voilà parti à raconter *l'histoire.* Voici un début à toute épreuve. Il ne peut manquer de produire son effet. Il est vivant. Nous nous y intéressons, nous participons à la situation. Nous voulons savoir ce qui va arriver. Je ne connais pas de méthode meilleure pour commencer une causerie que de raconter une histoire.

Moi-même dans une causerie que j'ai faite plusieurs fois, je commence ainsi :

> « Je venais de quitter le collège, et je marchais un soir dans une rue de Huron, Sud Dakota, lorsque je vis un homme sur une estrade s'adresser à la foule. Curieux, je m'approchai pour entendre : « Savez-vous, disait l'orateur, qu'il n'y a pas d'Indien « chauve, non plus que de femme chauve ? Eh bien, je vais vous « expliquer pourquoi... »

Pas de préambule, pas de déclaration préliminaire, en plongeant dans le cœur du récit, vous captez facilement l'attention des auditeurs.

L'orateur qui commence sa causerie par une histoire vécue est sur un terrain sûr, il ne court pas le risque de chercher ses mots ou ses idées. Ce qu'il raconte, il l'a vécu. Il en revit les épisodes, c'est une partie de sa vie et de sa personne. Le résultat ? Une assurance accrue, une aisance qui établira le contact avec le public.

Eveillez la curiosité

Voici comment Powell Healy commença une conférence au Penn Athletic Club de Philadelphie :

> « Il y a quatre-vingt-deux ans parut à Londres un petit livre contenant une histoire qui allait devenir célèbre. Beaucoup le nommèrent « le plus grand petit livre du monde ». Lorsqu'il parut, on s'abordait sur le Strand ou dans Pall Mall en se demandant : « L'avez-vous lu ? » et la réponse était presque toujours : « Oui, Dieu merci, je l'ai lu ! »
>
> « Le jour de sa parution, mille exemplaires furent vendus. En quinze jours la vente monta à quinze mille. Depuis lors c'est par milliers que se compte le nombre de rééditions. On l'a traduit dans toutes les langues. Il y a quelques années, J.P. Morgan en acheta le manuscrit original pour une somme fabuleuse, et il se trouve maintenant parmi les trésors sans prix de sa magnifique galerie d'art. Quel est ce fameux livre ? C'est... »

Etes-vous intéressé ? Etes-vous impatient d'en savoir davantage ? L'orateur a-t-il réussi à accrocher l'attention de ses auditeurs ? Sentez-vous comme vous avez été attentif dès le début et comme votre intérêt a augmenté à mesure qu'il parlait ? Pourquoi ? Parce qu'il avait éveillé votre curiosité, vous avait tenu en haleine.

La curiosité ! Qui de nous n'y est sensible ?

Mais peut-être aimeriez-vous savoir qui est l'auteur et quel est le livre dont il vient d'être question ? C'est Charles Dickens, et le livre *Un conte de Noël.*

Eveiller la curiosité est une méthode sûre pour intéresser l'auditoire. Voici comment j'ai essayé de le faire dans une conférence intitulée : « Triomphez de vos soucis. Vivez, que Diable ! » « Au printemps 1871, un garçon qui devait devenir un médecin célèbre, William Osler, trouva un livre et en lut vingt et un mots qui eurent une influence décisive sur son avenir. »

Quels furent ces vingt et un mots ? Comment affectèrent-ils son avenir ? Voilà les questions auxquelles les auditeurs désiraient que je réponde.

Clifford R. Adams, directeur des conseils prénuptiaux à l'université de Pennsylvanie, commença un article dans le *Reader's Digest* par le titre : « Comment trouver un conjoint ». Voilà qui retient immédiatement l'attention :

> Aujourd'hui les chances de trouver le bonheur dans le mariage sont bien faibles pour les jeunes gens. Le nombre des divorces est effrayant. On a calculé qu'en 1940 un mariage sur cinq ou six se terminait mal. En 1946, on pense qu'il y en aura un sur quatre. Et si le rythme continue à s'accélérer dans cinquante ans, on comptera un mauvais mariage sur deux.

Voici deux autres exemples significatifs :

« Le ministère de la Guerre prévoit que dans la seule première nuit d'une guerre atomique, vingt millions d'Américains seront tués. »

« Il y a quelques années, le journal *Scripps-Howard* a dépensé 176 000 dollars dans une enquête pour découvrir ce que les clients reprochent aux magasins de détail. Ce fut l'étude la plus onéreuse et la plus scientifique qui ait jamais été faite sur les problèmes de vente. On envoya des questionnaires à 54 047 foyers dans seize villes différentes. Une des questions était : « Qu'est-ce que vous n'aimez pas dans les magasins « de cette ville ? »

Près des deux cinquièmes des réponses furent : « Les vendeurs désagréables. »

Cette méthode est efficace, parce qu'elle établit le contact avec les auditeurs en frappant les esprits. C'est un « choc technique » qui retient l'attention en utilisant l'inattendu et qui la concentre sur le sujet.

Voici comment une de nos participantes de Washington, Meg Sheil, sut très habilement éveiller la curiosité :

« J'étais prisonnière depuis dix ans. Non dans une prison ordinaire, mais entre les murs de mon complexe d'infériorité, derrière les barreaux de la peur de la critique. »

N'avez-vous pas envie d'en savoir plus long sur cette expérience vécue ?

Cependant, il convient de se garder de tomber dans l'excès et de trop dramatiser en voulant faire du sensationnel à tout prix. Je me souviens d'un orateur qui débuta en tirant un coup de pistolet en l'air. Il obtint l'attention, mais il assourdit ses auditeurs.

Commencez à parler sur le ton de la conversation. Pour savoir si votre début est bon, testez-le à table pendant le dîner. Si le début de votre intervention ne s'intègre pas à la conversation en privé, il est sûr qu'il ne paraîtra pas naturel à un auditoire. Il est arrivé souvent que le début d'une causerie qui devait susciter l'attention du public fût, en fait, la partie la plus ennuyeuse. J'ai récemment entendu un orateur commencer ainsi : « Croyez en Dieu et ayez foi en vous-même... » On croirait entendre le début d'un sermon. Mais remarquez la suite. C'est intéressant car cela vient du cœur. « Ma mère était resté veuve en 1918 avec trois enfants à élever et pas d'argent. » Pourquoi, oh ! pourquoi l'orateur n'a-t-il pas amorcé avec cette seconde phrase ?

Si vous voulez captiver votre auditoire, ne faites pas de préambule, lancez-vous immédiatement dans le vif du sujet.

C'est ce que fait Frank Bettger, l'auteur de *Comment réussissent dans la vente un bon représentant, un bon vendeur*. C'est un artiste pour créer la curiosité dès la première phrase. Je le sais d'autant mieux que nous avons voyagé ensemble dans tous les Etats-Unis pour faire des conférences sur la vente, sous les auspices de la Jeune Chambre de commerce des Etats-Unis. J'ai toujours admiré la façon magistrale d'entamer sa conférence sur l'enthousiasme. Pas d'introduction, pas de généralités. Il sautait à pieds joints dans le sujet :

« Peu après mes débuts comme joueur professionnel de baseball, je reçus le plus grand choc de ma vie. »

Quel effet ces phrases ont-elles eu sur le public ? Je puis vous le dire, car j'étais là et je vis sa réaction. Frank Bettger suscita immédiatement l'attention. Chacun voulait savoir pourquoi il avait reçu un choc et ce qui en était résulté.

Demandez au public de voter à main levée

Un moyen excellent d'obtenir l'attention est de demander à un auditoire de lever la main pour répondre. Par exemple j'ai commencé ma conférence sur « Le moyen d'éviter la fatigue », par ces questions :

« Voulez-vous lever la main pour me dire combien parmi vous se sentent fatigués plus tôt qu'ils ne devraient ? »

Faites attention. Lorsque vous demandez à un auditoire de lever la main pour répondre à une question, prévenez-le avant. Ne commencez pas en disant : « Combien parmi vous pensent que l'impôt sur le revenu devrait être réduit, levez la main. » Laissez à vos auditeurs le temps d'être prêt à voter, en disant par exemple : « Je vais vous demander de lever la main pour répondre à une question importante. La voici : combien d'entre vous croient que les timbres-primes que certains commerçants distribuent bénéficient aux consommateurs ? »

Cette technique a l'avantage de faire réagir les auditeurs. C'est la « participation du public ». Si vous l'utilisez, votre causerie ne sera plus un monologue. L'auditoire participera. Si vous demandez : « Combien parmi vous se sentent fatigués plus tôt qu'ils ne devraient ? » chacun se met à penser à l'objet qui le préoccupe le plus, c'est-à-dire lui-même, ses douleurs, sa fatigue. Il lève la main et regarde autour de lui pour voir combien le font. Il oublie qu'il est à une conférence. Il sourit. Il salue un ami. La glace est rompue. Vous et l'auditoire vous sentez plus à l'aise.

Promettez au public de lui dire comment il pourra obtenir ce qu'il désire

Une manière infaillible d'éveiller l'intérêt est de promettre à vos auditeurs de leur dire comment ils obtiendront ce qu'ils désirent en faisant ce que vous suggérez :

« Je vais vous dire comment éviter la fatigue. Je vais vous apprendre à prolonger, d'une heure chaque jour, votre vie active. »

« Je vais vous montrer comment augmenter vos revenus. »

« Je vous promets de vous dire, si vous voulez bien m'accorder dix minutes, comment augmenter votre popularité. »

Commencer par une promesse est un bon moyen pour susciter l'attention, parce qu'il va droit à ce qui intéresse le plus vos auditeurs. Trop souvent les orateurs négligent de rattacher leur sujet à l'intérêt vital de leurs auditeurs. Au lieu d'attirer l'attention, ils la laissent s'endormir par des déclarations liminaires monotones.

Je me souviens d'une conférence dont le sujet était important pour le public : la nécessité d'un examen médical périodique. Comment l'orateur commença-t-il ? Ajouta-t-il un début percutant à l'attrait normal de son sujet ? Non ! Il fit l'historique du sujet et le public perdit bientôt tout intérêt pour lui et sa conférence. Débuter par une promesse aurait pourtant été la bonne technique. Par exemple :

> Savez-vous combien de temps vous pouvez avoir à vivre ? Les compagnies d'assurances peuvent le dire grâce aux tables d'espérance de vie qui ont été établies d'après des millions de données. Vous pouvez espérer vivre encore les deux tiers des années entre votre âge actuel et quatre-vingts ans. Pensez-vous que ce soit suffisant ? Non, n'est-ce pas ? Nous voulons tous vivre plus longtemps et prouver que cette prédiction est fausse. Mais, alors, comment faire, direz-vous ? Comment prolonger la vie au-delà du petit nombre d'années octroyées par les statistiques ? Eh bien, il y a un moyen et je vais vous le dire.

Je vous laisse décider si ce début accroche l'auditoire et l'incite à écouter l'orateur. Vous devez l'écouter parce que non seulement il vous parle de vous, de votre vie, mais encore parce qu'il a promis de vous dire quelque chose qui a pour vous une importance capitale. Il n'y a rien ici d'impersonnel et d'ennuyeux. Voilà un début auquel il est difficile de résister.

Utilisez un objet

Un moyen des plus simples de capter l'attention est peut-être de montrer quelque chose. Presque tous les êtres, du plus fruste au plus intellectuel, réagiront. On peut le faire avec des chances de succès devant l'auditoire le plus distingué. Par exemple, M. S. S. Ellis, de Philadelphie, commença une causerie dans un de nos cours, en montrant une pièce de monnaie qu'il tenait entre le pouce et l'index, le bras levé. Naturellement tout le monde le regarda. Alors il demanda : « Quelqu'un parmi vous a-t-il déjà ramassé une pièce semblable dans la rue ? Celui qui en trouvera une recevra gratis une parcelle de terrain dans un lotissement. Il lui suffira de la présenter à la compagnie qui l'a émise. » Puis, M. Ellis poursuivit, fit ressortir la supercherie du procédé et en dénonça la pratique comme immorale et trompeuse.

Toutes ces méthodes sont bonnes. Elles peuvent être utilisées séparément ou ensemble. La manière dont vous commencez une causerie conditionne en grande partie l'accueil que vous fera l'auditoire.

Deuxièmement : Evitez tout ce qui produit une attention défavorable.

Rappelez-vous aussi que ce n'est pas la simple attention de votre auditoire que vous devez susciter, mais son attention *favorable.* Notez le mot. Aucune personne sensée ne songerait à commencer en insultant le public ou en lui disant des paroles désagréables, qui le braqueraient contre lui et le message qu'il veut transmettre. Et pourtant, combien d'orateurs attirent l'attention en faisant l'une des erreurs suivantes.

Ne débutez pas par une excuse

Commencer par une excuse n'est pas un bon départ. Combien de fois n'avons-nous pas entendu des orateurs insister sur leur manque de préparation ou d'aptitude. Si vous n'êtes pas bien préparé, le public le découvrira tout seul. Pourquoi lui faire injure en démontrant que vous ne l'avez pas jugé digne d'une bonne préparation et qu'un vieux thème était suffisant pour lui ? Non. Nous ne voulons pas entendre vos excuses, nous voulons être informés, intéressés. Etre intéressés, retenez bien cela ! Captivez le public dès votre première phrase, non à la seconde ou à la troisième, à la *première !*

Evitez de commencer par l'« histoire drôle »

Vous savez sans doute qu'il existe une méthode très appréciée par certains orateurs, qui consiste à commencer par la prétendue « histoire drôle ». Ce n'est pas la nôtre. L'orateur novice pense être habile en contant une anecdote plaisante, comme s'il avait l'esprit de Mark Twain. Ne l'imitez pas. Vous découvririez vite, à vos dépens, la triste vérité : l'histoire drôle est plus souvent pathétique que drôle, sans compter que certains de vos auditeurs la connaissent peut-être déjà.

Le sens de l'humour est, cependant, un bon atout pour un

orateur. Une causerie ne doit pas être pesante ou solennelle. Au contraire. Si vous avez le don de provoquer le rire, référez-vous, avec esprit, à une situation locale, à ce qu'a dit un précédent orateur. Observez quelque cocasserie, exagérez-la. Cet humour sera plus apprécié que les plaisanteries sans intérêt faites sur les Irlandais, les belles-mères ou les chiens velus, parce que plus à propos et original.

Le meilleur moyen de vous assurer de votre auditoire est de plaisanter sur vous-même. Dépeignez-vous dans une situation ridicule ou embarrassante. C'est l'humour par excellence. Jack Benny l'a fait pendant des années, et ce fut un des plus grands comédiens de la radio. En prenant pour cible sa façon de jouer du violon, sa ladrerie et son âge, il sut exploiter une riche veine d'humour, qui le mit au nombre des meilleurs amuseurs de ces dernières années.

Le public ouvre son cœur et son esprit à ceux qui se tournent en dérision en montrant leurs points faibles avec humour. Au contraire, celui qui se présente comme un « être parfait » ou celui qui sait tout laisse le public froid et indifférent.

Troisièmement : Etayez vos idées principales.

Dans les causeries longues pour inciter à l'action, vous aurez plusieurs points à développer. Toutefois, moins il y en aura et mieux cela vaudra, mais il faudra que chacun soit solide. Au chapitre sept, nous vous avons dit comment étayer votre principal argument en l'illustrant par une histoire, une de vos propres expériences. Ce genre d'exemple a toujours beaucoup de succès, parce que « tout le monde aime écouter une histoire ». C'est le plus utilisé, mais ce n'est pas le seul moyen. Vous pouvez aussi faire appel aux statistiques (qui ne sont que des illustrations scientifiques), aux témoignages d'experts, aux analogies, aux documents et aux démonstrations.

Utilisez des statistiques

Les statistiques servent à montrer des proportions. Elles peuvent frapper et convaincre, dans certains cas, davantage qu'un exemple isolé. L'efficacité du vaccin antipoliomyélitique de Salk a été prouvée par des statistiques provenant de tout le pays. Les quelques cas d'inefficacité ne furent que l'exception qui confirme la règle. Un discours fondé sur une de ces exceptions n'aurait certainement pas convaincu des parents que le vaccin ne protégerait pas leur enfant.

Les statistiques, en elles-mêmes, sont souvent ennuyeuses. Il ne faut donc les utiliser qu'à bon escient et d'une manière vivante, les présenter, par exemple, à l'aide de graphiques.

Voici un exemple montrant combien les statistiques peuvent être frappantes, si on les compare à des choses familières. Pour démontrer que les New-Yorkais perdaient beaucoup de temps en ne répondant pas vite au téléphone, un directeur a dit :

> Sur cent appels téléphoniques, sept attendent plus d'une minute que leur correspondant décroche. Chaque jour 280 000 minutes se perdent ainsi. En six mois, cela fait pour la seule ville de New York, un nombre de minutes égal à tous les jours ouvrables qui se sont écoulés depuis la découverte de l'Amérique par Christophe Colomb.

Les chiffres seuls ne sont jamais très éloquents par eux-mêmes. Ils ont besoin d'être illustrés, ils doivent, autant qu'il est possible, être mis à notre portée. Je me rappelle avoir entendu la conférence d'un guide dans l'immense salle sous le Grand Coulee Dam. Il aurait pu nous en donner les dimensions en mètres carrés, mais cela n'aurait pas été aussi évocateur que ce qu'il nous dit. Il assura que la salle pouvait contenir dix mille spectateurs assistant à un match de football comme sur un terrain normal et qu'en plus il resterait assez de place pour installer plusieurs courts de tennis à chaque extrémité.

Il y a plusieurs années, un participant d'un cours donné à l'YMCA Brooklyn Central cita, dans une causerie, le nombre de maisons incendiées au cours de l'année précédente. Il ajouta que si elles avaient été placées côte à côte, elles auraient formé une ligne de New York jusqu'à Chicago, et que si les gens qui étaient morts dans les incendies avaient été placés à 1 500 mètres les uns des autres, ils auraient formé une nouvelle ligne qui serait allée de Chicago à Brooklyn.

J'ai oublié presque aussitôt les chiffres qu'il avait donnés, mais malgré les années, et sans faire d'efforts, j'imagine encore la ligne de bâtiments en flammes qui se dresserait de Manhattan à Cook County, Illinois.

Faites appel aux témoignages d'experts

Vous pouvez souvent renforcer vos arguments en faisant appel aux dires d'un expert. Mais avant d'utiliser un témoignage, posez-vous les questions suivantes :

1. Est-ce que ma citation est exacte ?
2. Est-ce que cet homme est bien un expert dans ce domaine particulier ? Citer Joë Louis en économie politique, ce serait exploiter son nom, mais pas son point fort.
3. Cette citation est-elle d'un homme connu et respecté de l'auditoire ?
4. Cette affirmation est-elle le reflet de connaissances indiscutables ou au contraire de préjugés ? Des intérêts personnels sont-ils en cause ?

Un participant de mes cours à la Chambre de commerce de Brooklyn commença une causerie sur la nécessité de la spécialisation par une citation d'Andrew Carnegie. Etait-ce un bon choix ? Oui, car il faisait appel, avec raison, au jugement d'un homme respecté de l'auditoire, et qui avait acquis le droit de parler du succès en affaires. Cette citation vaut la peine d'être répétée aujourd'hui :

> Je crois que le meilleur moyen d'obtenir un succès considérable dans un domaine déterminé est de devenir un expert en ce domaine. Je ne crois pas qu'il soit souhaitable de se disperser. Dans mon existence, j'ai rarement rencontré des gens qui aient réussi à gagner de l'argent en s'occupant de plusieurs choses à la fois. Les hommes qui ont réussi sont ceux qui ont choisi une voie et s'y sont tenus.

Servez-vous d'analogies

Une analogie, d'après Webster, est une « ressemblance entre deux choses... non en elles-mêmes, mais entre deux ou plusieurs de leurs attributs, circonstances ou effets ».

Le recours à l'analogie est une bonne technique pour étayer une idée majeure. Voici un extrait de la conférence sur « Le Besoin d'une plus grande puissance électrique » faite par C. Girard Davidson, lorsqu'il était secrétaire au ministère de l'Intérieur. Remarquez comment il emploie la comparaison pour renforcer son argumentation :

Une économie prospère doit progresser sans cesse, sinon elle se détruit. Voyez un avion : au sol, ce n'est qu'un amas de boulons et de vis inutiles mais en vol il trouve sa raison d'être et accomplit sa fonction. Toutefois, il ne peut s'arrêter et, s'il cesse d'avancer, il tombe.

Voici un autre exemple : c'est peut-être la plus brillante analogie dans l'histoire de l'éloquence. Elle est due à Lincoln qui l'utilisa pour répondre à des critiques à un moment crucial de la guerre civile.

Messieurs, supposez un instant que tout votre avoir ait été converti en or et que Blondin, le célèbre funambule, le transporte sur un fil au-dessus des chutes du Niagara. Aurez-vous l'idée de secouer le fil pendant la traversée ou de lui crier : « Blondin, penchez-vous davantage ; allez plus vite » ? Non, bien sûr ! Mais vous retiendrez votre souffle et votre langue et vous vous garderez de rien toucher jusqu'à ce qu'il soit enfin sain et sauf de l'autre côté. Eh bien, à l'heure actuelle, le gouvernement est dans la même situation. Il assume une immense responsabilité dans un océan en pleine tempête. Il fait de son mieux. Ne le harcelez pas. Restez calmes et il vous amènera au port.

Démontrez avec ou sans aide visuelle

Quand les dirigeants de la firme Iron Fireman discutèrent avec les grossistes, il leur fallut expliquer que le carburant devait être versé dans le fourneau par le bas et non par le haut. Pour mieux se faire comprendre, ils firent une démonstration simple, mais frappante. L'orateur alluma une bougie et dit :

« Voyez comme la flamme est grande et claire. Le combustible est entièrement transformé en chaleur aussi n'y a-t-il pour ainsi dire pas de fumée.

« Le combustible de la bougie vient du bas, exactement comme dans nos fourneaux Iron Fireman.

« Supposons maintenant que la bougie soit alimentée par le haut comme le sont d'autres fourneaux. (*Ici le démonstrateur retourne la bougie.*)

« Voyez la flamme diminue, il y a de la fumée, la flamme devient rouge car la combustion est incomplète, puis elle s'éteint. »

Il y a quelques années, Henry Morton Robinson écrivait un article intéressant intitulé « Comment les avocats gagnent des causes » pour le magazine *Votre Vie.* L'auteur rapporte qu'un avocat nommé Abe Hummer s'était livré à une démonstration spectaculaire, alors qu'il plaidait pour une compagnie d'assurances dans un procès en dommages-intérêts. Le plaignant, M. Postlethwaite, assurait qu'en tombant dans la cage de l'ascenseur il avait été si sérieusement blessé à l'épaule qu'il ne pouvait plus lever le bras droit.

Hummer semblait très préoccupé par son cas. « Voyons, monsieur Postlethwaite, dit-il gentiment, montrez au jury jusqu'où vous pouvez lever le bras. » Avec force grimace le plaignant leva le bras jusqu'aux oreilles. « Bien, maintenant, montrez-nous jusqu'où vous pouviez le lever avant l'accident. — Jusque-là », fit l'homme, et il leva le bras jusqu'au-dessus de sa tête.

A vous d'imaginer quelles purent être les réactions du jury à cette démonstration.

Dans la causerie longue pour inciter à l'action, vous pouvez développer trois ou, au plus, quatre points principaux qu'il est possible d'énoncer en moins d'une minute. Dans la causerie, il ne faut pas les énumérer ; ce serait ennuyeux. Comment rendre vivants vos arguments ? Par votre manière de les présenter. C'est ce qui fait briller votre causerie. Par le choix de vos incidents-exemples, des comparaisons, des démonstrations, vous rendez vos idées claires. Les statistiques et les témoignages d'experts donnent du corps à vos affirmations et appuient encore vos arguments majeurs.

Quatrièmement : Faites appel à l'action.

Je suis allé un jour bavarder avec un industriel, George F. Johnson. Il était alors président de la Endicott-Johnson Corporation, mais j'étais surtout intéressé par ses dons d'orateur. Il pouvait en effet faire rire ou pleurer à volonté et on se rappelait ce qu'il avait dit.

Il n'avait pas de bureau particulier. Il s'était installé dans un coin de son usine et ses manières étaient sans prétentions tout comme son vieux bureau de bois.

« Vous arrivez bien, me dit-il en se levant pour me saluer. Je viens juste de terminer quelque chose d'inhabituel. J'ai pris quelques notes sur ce que je dirai à la fin de la conférence que je dois faire ce soir à mes ouvriers.

— Il est en effet toujours prudent de préparer mentalement sa conférence du début à la fin, dis-je.

— Oh ! je ne l'ai pas encore en tête, répondit-il. Seulement l'idée générale et la façon précise dont je veux la terminer. »

M. Johnson n'était pas un orateur professionnel. Il ne cherchait pas à employer des mots justes ou à faire de belles phrases, et cependant il savait par expérience que pour être très efficace, un discours doit avoir une bonne conclusion. C'est à cette fin qu'aboutit tout ce qui précède et surtout, c'est elle qui doit marquer l'auditoire.

La conclusion est en fait la partie capitale d'une causerie, les derniers mots résonnent dans l'oreille des auditeurs — et ce sont ceux-là qu'ils retiendront le plus longtemps. A la différence de M. Johnson, les débutants ne s'en rendent pas compte et leur conclusion laisse souvent à désirer.

Quelles sont les erreurs les plus fréquentes ? Nous allons les passer en revue et voir comment y remédier.

D'abord, il y a celui qui termine ainsi : « C'est tout ce que j'ai à vous dire. Je vais donc m'arrêter. » Cet orateur jette un écran de fumée sur son incapacité de conclure de façon satisfaisante, en ajoutant platement : « Je vous remercie ». Ce n'est pas une conclusion. C'est une erreur qui sent l'amateur. C'est presque impardonnable. Si c'est là tout ce que vous avez à dire, pourquoi ne pas bien terminer votre dernière phrase et vous asseoir sans dire que vous avez fini ? Il vaut mieux laisser à l'auditoire le soin de décider si c'est effectivement tout.

Il y a aussi celui qui dit tout ce qu'il avait à dire mais qui ne sait pas comment s'arrêter. Je crois que c'est Josh Billings qui conseillait de saisir le taureau par la queue plutôt que par les cornes pour le laisser aller plus facilement. Celui qui tient le taureau par les cornes voudrait bien lui fausser compagnie, mais il a beau chercher, il ne parvient pas à s'approcher d'une clôture ou d'un arbre. Aussi il tourne en rond, répète les mêmes phrases et laisse une mauvaise impression.

Le remède ? Il suffit de préparer la conclusion. Est-il sage de n'y penser qu'au moment où vous êtes devant votre auditoire, alors que vous êtes en train de parler et que votre esprit est absorbé par ce que vous dites ? Le bon sens ne vous suggère-t-il pas d'y réfléchir posément, au préalable ?

Comment conclure en beauté ? Voici quelques conseils :

Résumez

Dans les longs discours, l'orateur a tendance à s'étendre, si bien qu'à la fin les auditeurs ont un peu perdu de vue l'essentiel. Peu de conférenciers s'en rendent compte. Ils s'imaginent à tort que leurs arguments clairs comme du cristal pour eux, le sont également pour le public. Il n'en est rien. L'orateur a pensé à son sujet pendant un certain temps, mais ses idées sont nouvelles pour le public. Elles ont été lancées comme des grenades, certaines ont fait mouche, mais la plupart se sont perdues dans le brouillard. L'auditeur, au dire de Shakespeare, a tendance « à se souvenir d'une foule de choses, mais de rien de précis ».

Un homme politique irlandais, anonyme, a donné ce conseil pour faire un discours : « D'abord, dites-leur ce que vous allez leur dire ; puis dites-le ; ensuite dites-leur ce que vous avez dit. » Il est souvent très souhaitable de « dire ce que vous avez dit ».

Voici un bon exemple. Un directeur d'une compagnie de chemin de fer de Chicago termina un jour une conférence ainsi :

> « En bref, messieurs, l'essai préliminaire de ce dispositif de signalisation, l'expérience qui en a été faite sur les réseaux de l'est, de l'ouest et du nord, la solidité des principes sur lesquels son application est fondée, la démonstration probante de l'économie réalisée en un an par la prévention des accidents, me conduisent à vous recommander sincèrement et sans équivoque son installation immédiate dans notre réseau du sud. »

Vous voyez ce qu'il a fait ? Vous pouvez comprendre ce qu'il souhaite sans avoir écouté sa conférence. Il a résumé en quelques phrases, en quelques dizaines de mots, pratiquement, tous les arguments de son exposé.

Ne pensez-vous pas que cela peut être utile ? Si oui, pourquoi ne pas le faire vous-même ?

Demandez à l'auditoire d'agir

La conclusion que je viens de citer est un excellent exemple d'appel à l'action. L'orateur veut que quelque chose soit fait, qu'un système de signalisation soit installé. Il appuie sa requête sur l'économie qui sera réalisée, sur la prévention des accidents. L'orateur voulait une action, et il l'a obtenue. Ce n'était pas pour lui un simple exercice oratoire. Il s'adressait au conseil d'administration de sa compagnie et il obtint ce qu'il désirait.

Les derniers mots d'une causerie pour inciter à l'action doivent être une demande. Demandez ! Dites à vos auditeurs de contribuer, voter, écrire, téléphoner, acheter, saboter, rechercher, acquérir, ou tout ce que vous voudrez. Prenez pourtant quelques précautions élémentaires :

Demandez quelque chose de précis. Ne dites pas : « Aidez la Croix-Rouge ». C'est trop général. Dites plutôt : « Adressez le montant de votre adhésion de un dollar ce soir à la Croix-Rouge Américaine, 125 Smith Street de votre ville. »

Demandez au public quelque chose qu'il peut vous donner. Ne dites pas : « Votons contre cet ennemi qu'est le Rhum. » Il n'existe pas de scrutin pour cela. Mais demandez au public d'adhérer à la ligue antialcoolique ou à une autre organisation de ce genre.

Facilitez autant que possible la tâche des auditeurs pour répondre à votre appel. Ne dites pas : « Ecrivez à votre député de voter contre telle loi. » Quatre-vingt-dix-neuf pour cent de vos auditeurs ne le feront pas. La question n'est pas essentielle pour eux, c'est trop de travail, ou ils oublieront. Facilitez-leur la chose, en écrivant vous-même au député une lettre : « Nous les soussignés, vous prions de voter contre la loi n° 74 321. » Faites circuler avec un stylo et vous obtiendrez un grand nombre de signatures, mais vous y perdrez peut-être votre stylo.

CHAPITRE XIV

COMMENT METTRE EN PRATIQUE CE QUE VOUS AVEZ APPRIS

A LA QUATORZIÈME SÉANCE DE MON COURS, J'AI SOUVENT ENTENDU avec plaisir des participants raconter comment ils avaient utilisé les techniques de ce livre dans leur vie quotidienne. Des vendeurs mentionnent un accroissement de leurs ventes, des directeurs nous parlent de leur promotion. Tout cela est dû à une meilleure aptitude à donner des ordres et à résoudre les problèmes grâce à un langage plus efficace.

Comme l'a écrit N. Richard Diller dans *Today's speech*, « les mots que l'on choisit, la durée d'une intervention, l'ambiance dans laquelle on parle... peuvent avoir une action sur le grand problème de la communication dans l'entreprise ». R. Fred Canaday, qui s'occupe à la General Motors des Cours Dale Carnegie, écrit dans la même revue : « Une des principales raisons qu'a la General Motors de s'intéresser aux Cours de Parole en Public vient du fait qu'elle a remarqué que tout chef est un professeur à un degré variable. Depuis l'instant où il interroge un postulant sur le début de sa carrière, jusqu'au moment où il lui fixe son poste, et éventuellement lui donne de l'avancement, un chef doit constamment expliquer, faire des observations, renseigner et enseigner.

Il doit aussi discuter de milliers de sujets avec chaque personne appartenant à son service. »

Lorsque nous allons plus avant dans la communication verbale, et que nous abordons la parole en public, la prise de décisions, l'étude des problèmes, les conférences-discussions, nous voyons encore combien les techniques enseignées dans ce livre peuvent être utilisables. Les règles de la parole en public sont applicables lorsqu'on participe ou lorsque l'on mène une conférence-discussion.

La manière de présenter ses idées, le choix des mots, la sincérité et l'enthousiasme sont des éléments essentiels pour parvenir à s'imposer dans la solution finale. Tout cela a été expliqué dans ce livre. Au lecteur de mettre en pratique ce qu'il a appris lorsqu'il prend part à une réunion.

Peut-être vous demandez-vous quand commencer à appliquer ce que vous avez appris au cours des treize premiers chapitres ? Ne soyez pas surpris si je vous dis : immédiatement.

Même si vous ne projetez pas de faire un discours en public dans un avenir proche, même si vous ne devez jamais en faire, je suis sûr que les techniques de ce livre vous serviront dans votre vie quotidienne. Lorsque je vous dis de commencer maintenant, je pense à la prochaine occasion où vous parlerez.

Si vous analysez les conversations que vous tenez tous les jours, vous serez surpris par la ressemblance qu'elles ont, quant à leur objectif, avec les types de causeries qui ont été étudiés ici.

Au chapitre sept on vous a demandé de garder présent à l'esprit un des quatre objectifs poursuivi lorsque l'on s'adresse à un groupe : informer, distraire, convaincre de votre bon droit ou inciter à agir dans un sens déterminé. Lorsque nous parlons en public, nous essayons de bien distinguer ces quatre objectifs, tant dans la forme que dans le fond de la causerie.

Dans la conversation quotidienne, les buts sont confondus et se chevauchent constamment au cours de la journée. Nous pouvons bavarder amicalement, puis être amenés à vendre un produit ou à persuader un enfant de placer son argent de poche à la banque. En appliquant les techniques de ce livre dans notre conversation, nous serons plus convaincants, nous ferons mieux passer nos idées et nous dirigerons les autres avec tact.

Premièrement : Mettez des détails précis dans la conversation.

Prenez une des techniques, par exemple. Vous vous souvenez qu'au chapitre quatre, je vous ai demandé de mettre des détails dans votre causerie. Ainsi vos idées sont plus vivantes et plus précises. Bien entendu, je pensais surtout aux causeries devant un groupe. Mais n'est-ce pas aussi valable dans la conversation ? Pensez aux brillants causeurs de vos connaissances. Leur conversation n'estelle pas parsemée de détails colorés, de tableaux verbaux ?

Avant d'être un brillant causeur, il faut d'abord développer la confiance en soi. Aussi tout ce qui a été expliqué dans les trois premiers chapitres vous donnera l'assurance nécessaire pour vous mêler aux autres et exprimer vos opinions en petits groupes. Dès que vous désirez exposer vos idées, même en petit comité, commencez à chercher dans votre expérience ce qui peut être utilisé dans la conversation. Vous constaterez alors quelque chose de merveilleux — votre horizon s'élargira et votre vie prendra une nouvelle signification.

Des maîtresses de maison dont les centres d'intérêt étaient devenus limités ont été enthousiastes lorsqu'elles ont raconté ce qui leur était arrivé en appliquant les techniques de parole en public dans leurs conversations. « Je m'aperçois que le fait d'avoir acquis confiance en moi m'a permis de parler à une réunion sociale », a dit Mrs R. D. Hart aux participants de son Cours à Cincinnati, « et j'ai commencé à m'intéresser aux événements d'actualité. Au lieu de me renfermer sur moi-même, je me suis rapprochée des autres. De plus, tout ce que je faisais devenait sujet de conversation, et je me suis trouvée captivée par une foule de nouvelles activités ».

Bien que nous n'exercions pas tous le métier de professeur, nous devons tous donner des renseignements plusieurs fois par jour. Nous devons instruire nos enfants, expliquer à nos voisins une nouvelle méthode pour tailler les rosiers, échanger avec d'autres touristes les meilleurs itinéraires. Constamment nous avons à nous exprimer clairement. Tout ce qui a été dit au chapitre huit, concernant la causerie pour informer, s'applique à ces cas.

Deuxièmement : Employez ces techniques dans votre travail.

Parlons maintenant de la communication dans votre travail. Vendeurs, directeurs, chefs de département, directeurs de collectivité, professeurs, prêtres, infirmiers, docteurs, avocats, comptables, ingénieurs, tous nous devons expliquer certains domaines de nos connaissances et donner des instructions. Notre aptitude à être clair et précis peut être la pierre de touche qui permettra à nos supérieurs d'apprécier notre valeur. Penser vite et bien s'exprimer s'acquiert par la causerie pour informer. Mais cette aptitude n'est nullement limitée à des discours préparés, nous pouvons la pratiquer tous les jours. Ce besoin de clarté dans les communications professionnelles se marque par l'intérêt qu'on porte aux cours de parole en public dans l'industrie, au gouvernement et dans les syndicats professionnels.

Troisièmement : Recherchez des occasions de parler en public.

Non seulement vous pouvez utiliser les techniques exposées dans ce livre dans vos conversations quotidiennes — ce qui d'ailleurs vous apportera de grandes satisfactions —, mais vous devrez rechercher des occasions de parler en public. Comment ? En adhérant à un club qui organise des débats. Mais ne soyez pas un simple spectateur. Mettez-vous au travail, faites partie de comités. Devenez organisateur de réunions. Il n'y a pas beaucoup de concurrence. Cela vous donnera l'occasion d'interviewer les bons orateurs de votre communauté et vous aurez sûrement à faire des causeries de présentation.

Dès que possible, soyez capable de faire une causerie de vingt à trente minutes. Suivez les conseils de ce livre. Faites savoir à votre club où à votre organisation que vous vous êtes préparé à prendre la parole. Proposez-vous comme porte-parole dans votre ville. Les campagnes pour collecter de l'argent cherchent des volontaires pour prendre la parole. Ils vous fourniront des informations qui vous aideront à préparer votre causerie. Beaucoup d'orateurs célèbres ont commencé de cette façon. Prenons par exemple Sam Levenson, le présentateur de radio et de télévision qui est demandé dans tout le pays. Il était professeur de lycée à New York. Comme passe-temps il a commencé à faire des causeries sur ce qu'il connaissait le mieux, sa famille, ses élèves, et certains aspects particuliers de son travail. Ces causeries eurent un succès fou et rapidement on lui demanda de s'adresser à tant d'assemblées que cela perturbait ses occupations professionnelles. Mais étant sollicité dans de nombreuses émissions de radio, il ne fut pas long à mettre ses dons exclusivement au service du monde du spectacle.

Quatrièmement : Vous devez persévérer.

Quand nous apprenons quelque chose de nouveau, qu'il s'agisse de l'anglais, du golf ou de la parole en public, nous ne progressons pas régulièrement. Nous avançons par bonds, avec de brusques départs et des arrêts soudains. Puis nous piétinons pendant un certain temps, il peut même nous arriver de faire marche arrière et de perdre du terrain. Ces phases de stagnation et de recul sont bien connues des psychologues. Ce sont des « paliers dans la courbe des connaissances ». Ceux qui apprennent à parler en public peuvent être bloqués sur un de ces paliers pendant des semaines. Même en faisant de gros efforts ils ont l'impression qu'ils n'en sortiront jamais. Les plus faibles abandonnent. Ceux qui ont du courage persévèrent et tout d'un coup, presque du jour au lendemain, sans savoir comment ni pourquoi, ils font un bond en avant. Ils décollent comme un avion. Ils prennent confiance et parlent avec naturel.

Vous pouvez toujours éprouver une appréhension passagère, une petite angoisse au moment où vous faites face à l'auditoire. Même les grands musiciens, malgré leurs nombreuses expériences du public, la ressentent. Paderewski tripotait nerveusement ses manchettes juste avant de s'asseoir au piano. Mais dès qu'il commençait à jouer, sa peur du public s'évanouissait comme la brume au soleil d'août.

Son expérience, vous la vivrez aussi. Si vous persévérez, vous éliminerez tout, y compris cette crainte du début. Après quelques phrases, vous saurez vous maîtriser. Vous parlerez avec plaisir.

Un jeune homme qui voulait apprendre le droit écrivit un jour à Lincoln pour lui demander conseil. Lincoln répondit : « Si vous êtes résolu à devenir avocat, vous avez fait plus de la moitié du chemin... Sachez que votre décision de réussir est plus importante que tout. »

Lincoln le savait, car il était passé par là. Il n'avait pas été plus d'un an à l'école. Pour emprunter des livres, il faisait jusqu'à quatre-vingts kilomètres à pieds. Dans la cabane qu'il habitait, un feu de bois brûlait toute la nuit. Quelquefois, il lisait à la lueur de ce feu. Les planches de la cabane étaient disjointes et souvent Lincoln y plaçait un livre. Dès qu'il faisait assez jour, il glissait de son lit de feuilles, se frottait les yeux, sortait son livre et le dévorait.

Il faisait vingt ou trente miles à pied pour entendre un orateur et de retour chez lui il s'exerçait, il déclamait partout, dans les champs, dans les bois, devant la foule rassemblée à l'épicerie de Jones de Gentryville. Il était devenu membre de sociétés littéraires et de clubs qui organisaient des débats à New Salem et à Springfield. Il discutait des sujets du jour. Devant les femmes il était timide. Quand il faisait la cour à Mary Todd, il s'asseyait au salon, rougissant et silencieux, incapable de trouver ses mots, l'écoutant parler. Cependant, par ses études et ses exercices réguliers il devint capable de se mesurer avec le plus grand orateur de son temps, le sénateur Douglas. Il atteignit les sommets de l'éloquence à Gettysburg ainsi que dans son second discours inaugural.

Il n'est pas surprenant qu'après une telle lutte pour surmonter son terrible handicap il ait écrit : « Si vous êtes résolu à devenir avocat, vous avez déjà fait plus de la moitié du chemin. »

Il y a un excellent portrait d'Abraham Lincoln dans le bureau présidentiel de la Maison Blanche. « Lorsque je devais prendre une décision difficile, raconte Théodore Roosevelt, où droits et intérêts particuliers s'opposaient, je regardais Lincoln, essayant d'imaginer ce qu'il aurait fait à ma place dans une telle situation. Cela peut vous sembler curieux, mais vraiment, cela m'aidait à trouver la solution. »

Pourquoi ne pas faire comme Roosevelt ? Si vous êtes découragé et prêt à abandonner l'espoir d'être un bon orateur, pourquoi ne pas vous demander ce que Lincoln aurait fait ? Or cela vous le savez, car vous savez ce qu'il a fait. Après avoir été battu par Stephen A. Douglas aux élections sénatoriales, il exhorta ses partisans à « ne pas abandonner ni après une défaite, ni même après cent défaites ».

Cinquièmement : Soyez certain d'être récompensé de vos efforts.

Comme je souhaiterais que vous ouvriez ce livre tous les matins en prenant votre petit déjeuner, jusqu'à ce que vous sachiez par cœur ces paroles de William James :

> Qu'aucun jeune n'ait de crainte pour son avenir, quelle que soit la voie qu'il ait choisie. S'il travaille consciencieusement pendant chaque heure de la journée, il n'a pas à se soucier du résultat. Il peut être sûr d'être un jour parmi les individus les plus capables de sa génération, quelle qu'ait été son orientation.

Et maintenant, en m'appuyant sur le célèbre professeur James, je vais aller plus loin, et vous dire que si vous vous exercez intelligemment, vous pouvez être assuré d'être un beau matin le meilleur orateur de votre ville ou de votre communauté.

Aussi extravagant que cela vous paraisse, c'est aussi vrai que le principe général. Il y a bien sûr des exceptions. Un homme de classe et d'intelligence inférieures qui n'a rien à dire ne deviendra jamais un Daniel Webster, mais dans une certaine mesure cette affirmation est vraie.

L'ancien gouverneur du New Jersey, Stokes, était présent au banquet qui clôturait le cours de Trenton. Il nota que les causeries qu'il avait entendues étaient aussi bonnes que les discours faits à la Chambre des Représentants ou au Sénat de Washington. Ces discours avaient été prononcés par des hommes d'affaires qui étaient muets de peur de l'auditoire quelques mois auparavant. Les hommes d'affaires du New Jersey n'étaient pas des Cicéron ; mais simplement des hommes d'affaires typiquement américains. Et cependant, un beau jour, on put les compter parmi les orateurs les plus brillants de leur ville et peut-être du pays.

J'ai connu et observé des milliers de personnes qui ont essayé d'avoir confiance en elles et d'être capables de parler en public. Ceux qui ont réussi étaient, seulement dans quelques cas, des êtres extraordinairement brillants. La plupart appartenaient à la catégorie d'hommes d'affaires que vous trouvez partout. Mais ils ont persévéré. Très rares étaient ceux qui se décourageaient ou qui étaient trop préoccupés à gagner leur vie, ceux-là n'allaient pas loin. Mais l'individu tenace, qui savait ce qu'il voulait, arrivait le premier au bout du chemin.

Tout cela est normal. N'avez-vous pas observé le même phénomène dans le commerce ou dans les affaires ? John D. Rockefeller, Sr., disait que la condition essentielle pour réussir dans les affaires est la patience et la certitude du succès. Il en est de même pour la parole en public.

Il y a quelques étés, je suis parti escalader un sommet des Alpes autrichiennes appelé le *Wilder Kaiser* (l'Empereur Sauvage). Le guide Baedeker disait que l'ascension était difficile et qu'un guide était indispensable pour les alpinistes amateurs. Avec un ami nous n'avons pas pris de guide et nous étions vraiment des amateurs. Quelqu'un nous demanda si nous pensions réussir. « Bien sûr, avons-nous répondu.

— Qu'est-ce qui vous le fait croire ?

— D'autres l'ont fait sans guide, aussi je sais que cela est possible.

— *Je n'ai jamais rien entrepris en pensant à l'échec* », ai-je dit.

C'est l'attitude à adopter pour parler en public ou escalader le Mont Everest.

Votre réussite dépend beaucoup des pensées que vous entretenez avant de prendre la parole. Imaginez-vous en train de parler avec une assurance totale.

Vous êtes capable de le faire. Croyez que vous allez réussir. Croyez-le fermement, et cela vous apportera ce qui vous est nécessaire pour réussir.

Pendant la Guerre civile, l'amiral Dupont avait énuméré une demi-douzaine d'excellentes raisons qui l'avaient empêché d'amener son navire dans le port de Charleston. L'amiral Farragut l'écouta attentivement. « Il y a une autre raison que vous n'avez pas mentionnée, dit-il.

— Laquelle ? demanda l'amiral Dupont.

— Vous ne croyiez pas être capable de le faire. »

Le plus grand bienfait acquis par l'entraînement de nos cours est une confiance en soi accrue et une conviction plus grande dans son aptitude à réussir. Qu'y a-t-il de plus important pour le succès d'une entreprise ?

Emerson a écrit : « Rien de grand n'a été fait sans enthousiasme. » C'est plus qu'une phrase bien écrite, c'est la voie directe vers la réussite.

William Lyon Phelps a probablement été le professeur le plus aimé et le plus connu de l'Université Yale. Dans son livre *La Joie d'enseigner*, il note : « Pour moi, enseigner est plus qu'un art ou une occupation. C'est une passion. J'aime enseigner, comme un peintre aime peindre, un chanteur aime chanter, ou un poète aime écrire. Avant de me lever le matin, je pense avec un plaisir intense à mes étudiants. »

Est-il surprenant qu'un professeur si enthousiaste pour son travail réussisse ? Billy Phelps a eu une grande influence sur ses étudiants par l'amour et l'enthousiasme qu'il mettait dans son enseignement.

Si vous mettez de l'enthousiasme à apprendre à parler efficacement, vous verrez les obstacles tomber le long de votre route. Il vous faut mettre vos dons et votre énergie dans ce but : avoir de bonnes communications avec vos semblables. Pensez à l'assurance que vous acquerrez, à cette maîtrise que l'on ressent lorsqu'on tient l'auditoire et que l'on peut l'émouvoir ou le faire agir. Vous verrez qu'être capable de bien s'exprimer rend service dans beaucoup d'autres domaines. Parler en public est un entraînement qui amène confiance en soi dans la vie privée et professionnelle.

Dans le manuel des animateurs des Cours Dale Carnegie, on peut lire : « Quand les participants découvrent qu'ils sont capables de capter l'attention de l'auditoire et lorsqu'ils sont félicités par l'animateur et applaudis par les autres, ils ressentent une impression de puissance inconnue d'eux auparavant. Le résultat ? Ils entreprennent des choses qu'ils n'auraient jamais imaginées possibles. Ils s'aperçoivent qu'ils ont envie de parler en public. Ils participent activement aux affaires et à la vie sociale. Ils deviennent des chefs. »

Le mot « chef » a été souvent employé dans les chapitres précédents. La clarté et la force d'expression sont les marques distinctives du chef dans notre société. Cette puissance d'expression doit présider à toutes les allocutions, qu'elles soient privées ou publiques. S'il est intelligemment utilisé, ce livre vous aidera à devenir des chefs — dans votre famille, votre communauté civique ou religieuse, votre métier et en politique.

RÉSUMÉ DE LA CINQUIÈME PARTIE

LE COMPORTEMENT FACE AU PUBLIC.

XII . COMMENT PRÉSENTER DES ORATEURS. COMMENT OFFRIR OU ACCEPTER DES RÉCOMPENSES.

1. Préparez avec soin ce que vous allez dire.
2. Suivez la formule S.I.C.
3. Soyez enthousiaste.
4. Soyez sincèrement chaleureux.
5. Préparez soigneusement ce que vous direz à l'occasion d'une récompense.
6. Lorsque vous remerciez, soyez sincère.

XIII. PRÉPARATION DE LA CAUSERIE LONGUE.

1. Obtenez l'attention immédiatement.
   Commencez votre causerie avec un incident-exemple.
   Éveillez la curiosité.
   Donnez un fait frappant.
   Demandez au public de voter à main levée.
   Promettez au public de lui dire comment il pourra obtenir ce qu'il désire.
   Utilisez un objet.
2. Évitez tout ce qui produit une attention défavorable.
   Ne débutez pas par une excuse.
   Évitez de commencer par « l'histoire drôle ».
3. Étayez vos idées principales.
   Utilisez des statistiques.
   Faites appel aux témoignages d'experts.
   Servez-vous d'analogies.
   Démontrez avec ou sans aide visuelle.
4. Faites appel à l'action.
   Résumez.
   Demandez à l'auditoire d'agir.

XIV . COMMENT METTRE EN PRATIQUE CE QUE VOUS AVEZ APPRIS.

1. Mettez des détails précis dans la conversation.
2. Employez ces techniques dans votre travail.
3. Recherchez des occasions de parler en public.
4. Vous devez persévérer.
5. Soyez certain d'être récompensé de vos efforts.

REMERCIEMENTS

Nous adressons nos remerciements à ceux qui nous ont permis de citer des extraits de leurs œuvres :

Accustomed As I am, de John Mason Brown (W. W. Norton and Co., Inc.).

The Elements of Style, de Strunk and White (The Macmillan Co.).

Freedom Faith, de Clarence B. Randall (Little, Brown-Atlantic Monthly Press).

Life is Worth Living, de Mgr Fulton J. Sheen (McGraw-Hill Book Co.).

Mark Twain in Eruption, édité par Bernard De Voto (Harper and Bros.).

My Discovery of England, de Stephen Leacock (Dodd, Mead and Co. Inc.).

« *Random Reflections on Public Speaking* », de Norman Thomas (Quarterly Journal of Speech).

Sermons de Norman Vincent Peale (Foundation for Christian Living).

Discours de R. Fred Canaday et Richard Diller (Today's Speech).

TABLE

DEUXIÈME PARTIE

DISCOURS, ORATEUR, AUDITOIRE.

TROISIÈME PARTIE

CAUSERIES PRÉPARÉES ET IMPROMPTUES

AIMERIEZ-VOUS PARTICIPER A UN COURS DE PAROLE EN PUBLIC ET DE RELATIONS HUMAINES ?

Ce livre a été écrit à partir de l'expérience de milliers d'hommes et de femmes qui ont suivi les Cours Dale Carnegie de Parole en public et de Relations humaines.

Vous êtes cordialement invité à assister à une séance d'information. Venez avec un ami ou un membre de votre famille. Vous jugerez par vous-même les méthodes éprouvées qui ont aidé plus de 2 000 000 de participants enthousiastes à vaincre la peur, développer leurs qualités de chef, accroître leurs revenus, se faire des amis et parler avec assurance devant tout auditoire, grand ou petit. Vous aurez une idée plus précise de ce que ce Cours peut vous apporter.

Le Cours Dale Carnegie de Parole en public et de Relations humaines est un des cours présentés par l'Organisation Carnegie sur les cinq continents, dans plus de 1 000 villes réparties dans 45 pays.

Si vous désirez des renseignements sur les dates des prochaines sessions dans votre région, écrivez-nous à :

COURS DALE CARNEGIE :

1475 Franklin Avenue
Garden City, New York 11 530 - U.S.A. Tél. : (516) 248.51.00

1455 Rue Peel
Montréal, Québec, Canada. Tél. : (514) 285.12.87

2, square Raynouard
78150 Le Chesnay, France. Tél. : (1) 954.61.06

Avenue Vanderaey, 70
1180 Bruxelles, Belgique. Tél. : (2) 374.95.70

Achevé d'imprimer le 24 octobre 1983
sur les presses de l'Union Parisienne d'Imprimeries
13, rue Yves-Toudic, 75481 Paris cedex 10
Dépôt légal N° 6893 - 4e trimestre 1983
23.11.2157.10
I.S.B.N. 2.01.005928.X

Comment dompter ses peurs ?

- Jeune médecin : 1 régiment de [illegible]
  se crevait . change vie   Agression [illegible]
  peur et défi   Dieu
- stage 6 mois à combat   toutes les fantaisies
- Régiment Coulommiers-en-Brie – Deux combats
  bravement car les inquiétude [illegible]
- prières
- lit cassé

Conclusion
1) apprendre le côté comique de la guerre
peurs
2) être capable très capable de [illegible]
si on a fait l'effort de bien
se préparer.

23-2157-8